中国现代管理学研究

——理论与实践

李墨溪 著

燕山大学出版社

·秦皇岛·

图书在版编目（CIP）数据

中国现代管理学研究：理论与实践 / 李墨溪著 .—秦皇岛：燕山大学出版社，2021.5（2026.1重印）

ISBN 978-7-5761-0165-2

Ⅰ . ①中… Ⅱ . ①李… Ⅲ . ①管理学－研究－中国 Ⅳ . ① C93

中国版本图书馆 CIP 数据核字（2021）第 072874 号

中国现代管理学研究——理论与实践

李墨溪 著

出 版 人：陈　玉
责任编辑：张　蕊
封面设计：吴　波
出版发行：燕山大学出版社 YANSHAN UNIVERSITY PRESS
地　　址：河北省秦皇岛市河北大街西段 438 号
邮政编码：066004
电　　话：0335-8387555
印　　刷：廊坊市印艺阁数字科技有限公司
经　　销：全国新华书店

开　　本：700mm×1000mm 1/16　　印　　张：10.5　　字　　数：170 千字
版　　次：2021 年 5 月第 1 版　　印　　次：2026年1月第2次印刷
书　　号：ISBN 978-7-5761-0165-2
定　　价：42.00 元

前　　言

本专著是作者根据对管理学的认知，结合多年的教学经验，融入了经济学、人力资源管理、领导学、会计学、市场营销以及心理学等相关学科的知识，根据我国现代商场中管理的实际情况来完成的。在编写的过程中，作者参考了大量国内外书籍与文献，吸收了许多专业人士的思想精华。

本专著的构架共包括七部分内容，首先是对管理学与管理者的认知，然后是管理的四大职能，即计划职能、组织职能、领导职能和控制职能，中间插入了激励和沟通的内容。在构思方面，作者将管理体系比喻成人体，那么各职能相当于人体的各个器官，比如计划相当于心脏，组织结构是人的骨架，领导是人体的肌肉，控制是大脑等。在每一部分内容中都加入了案例，增强了本专著的实践性。

本专著除了体现出应用性、创新性、针对性等特色以外，还具有以下特点：

第一，逻辑清晰明了。为了方便读者阅读，理顺整部书的脉络，作者将管理知识按一定的逻辑进行归类，各个章节都是有机地联系在一起的，思路清晰，尤其针对没有接触过管理学的读者，易于串起一条主线，深入掌握。

第二，语言简洁幽默。作者对管理学充满了热爱，因此在编著过程中也特意为本专著营造了轻松愉悦的氛围，并且投入了真情实感，希望读者在阅读时，能够享受管理的世界，体会到作者的良苦用心。

第三，概念准确详细。作者对于概念的阐述过程力求精准，尤其对于一些晦涩难懂的管理思想，为了方便读者领悟，能够更加直观地掌握，结合了许多图形，一目了然，节省了读者的阅读和理解时间。

由于作者水平有限，虽然全身心投入，精心修改，但难免存在疏漏和不足，敬请广大读者不吝赐教，批评指正，以便日后修正完善。

目　录

志不立，天下无可成之事

▷管理与管理者篇

第一节 初识管理

有人说，管理学很深奥，经过多年不断的研究探讨，仍然无法掌握管理学深层次的知识；也有人认为管理学都是死规律，无大用。然而，我们不得不承认，生活中，管理学无处不在，任何组织都需要管理人员，都有管理工作，同时任何管理工作都是在某一特定组织进行并为该组织服务的。因此，我们不能单纯地去分辨管理到底是难还是易，而应当从管理的概念入手，进行深入的理解，并且能够结合到实际的企业应用当中。

一、管理的定义

众所周知，管理是在特定的环境下进行的，由管理者通过管理职能，即计划、组织、领导、控制四大职能，整合组织的各项资源，实现组织既定目标的活动过程。从管理的概念中，我们可以看出，管理有以下几层含义：

第一，管理是在特定的环境下进行的。这个特定的环境是泛指各种组织的生存环境，可以从两方面去看：一是大环境，包括国际环境、政治环境、经济环境、社会环境及技术环境等；另一方面是组织生存的小圈子，包括竞争商圈、服务对象、往来关系户等。在开放的条件下，组织生存的环境是千变万化的，复杂的环境成为决定组织生存与发展的重要因素。不同的组织生存的环境各不相同，因此每个组织要结合着自己生存环境的特点，运用恰到好处的管理活动，以适应环境的发展与变化。

第二，管理的主体是管理者。如果我们把管理活动比喻成一辆不断前行的车，那么管理者就是前面拉车的人和后面推车的人。也就是说管理者包括两种人，一种是领导，在前方指引方向，带领团队；另一种人是在后面辅助整个团队，做善后工作的。

第三，管理活动整合的对象是各种资源，即管理的客体。这里的资源除了包括人、财、物三大传统资源以外，当然也包括信息资源、时间资源等。尤其在现代社会，网络信息飞速发展，我们要广泛获取各种资源信息。总之，一切你能想到的资源都囊括在内。管理的真谛是聚合企业的各类资源，充分运用管理的功能，以最优的投入获得最佳的回报，以实现企业既定目标。

第四，管理的目的是实现组织的既定目标。没有目标，管理也就失去了意义，组织也就失去了方向。实现组织目标的过程，就是管理者执行计划、组织、领导、控制等职能的过程。

第五，管理有四项基本职能，分别是计划、组织、领导和控制。请读者们注意，这里我们强调的是管理的最基本职能，当然很多管理学的书籍上会把管理的职能细分成五大职能、六大职能、八大职能等，如决策、指挥、人员管理、预测、创新等都被列进了管理职能之内。法约尔曾说，管理分为实行计划、组织、指挥、协调、控制。而深究一下，我们就会发现，其实他们都是从管理的四项基本职能中分立出来的，比如激励，这应该是领导者领导下属的一种手段，因此可以归入领导职能当中；决策是在制订计划的过程中用定量或定性分析方法作最后的定夺，因此决策可以归入到计划之列。

二、管理的职能

上文我们已经提到，管理的四大基本职能：计划、组织、领导和控制，下面我们来具体解释一下四大职能及其相互之间的关系。

凡事，预则立，不预则废。因此计划是首要职能，即管理职能中最基本的职能。计划的具体工作是为组织制订适合的目标。计划制订成功后，管理者开始组织各方人力、物力、财力等资源去向着目标前进，各资源的合理匹配、有效利用就是组织职能的体现。因此为了实现管理目标和计划，就必须先设计出完整且稳定的组织结构，为管理工作提供结构保证，它是后期领导职能及控制职能顺利进行的重要前提。接下来，在团队合作的过程中，会有各种矛盾产生，员工也会存在一些利己的想法，阻碍组织的发展。这就需要领导者展现个人的魅力，对下属进行引导和施加影响，最终使组织成员团结一心，自觉自愿地实现组织既定目标。通常领导的手段有激励、沟通等。最后是控制职能，管理者为了保障实际工作成果与预期目标一致需要采取的一些手段及方法，即按既定目标和标准对组织的活动进行监督、检查，发现偏差，采取纠正措施，使工作能按原定计划进行。

我们要正确理解管理四大职能之间的关系。在理论上，管理的四个职能有一定的先后顺序，即先计划，然后组织，接下来领导，最后控制。管理过程体现为一个连续进行的活动过程。但是实际中，管理各个职能又是相互融合、相互交叉的，你中有我，我中有你。

最后，我们要知道，管理是一种有意识、有目的的活动，它服务并服从于组织目标，既追求效率，又追求效果。

如果我们把组织比喻成一个人，那么管理职能就相当于人体的各个部分。

计划相当于心脏。心脏是人体生命的原动力，一刻不停地跳动，就像启动器，推动着血液流向全身，为全身各部位提供氧气和营养。计划就是组织的心脏，为组织指引方向，会推动着组织向前走，达到最终目标。心往哪里想，劲儿才会往哪里使。

组织结构是人的骨架。骨架是人体结构复杂化的基础，又是人体形态进化的限制因素。骨架对身体起到支撑作用，控制人体运动，支持和保护身体。骨架由各种不同形状的骨骼组成，骨骼有复杂的内在和外在结构，使其在减轻重量的同时能够保持坚硬。合理的组织结构就是组织的骨架系统，支撑组织在复杂的环境变化中排除万难，取得优异的绩效。有时，组织外表看起来虽然没有什么异常，但是发展过程中总是出现不协调，如成员怨声四起、工作效率低下、业绩下滑、产品质量下降等。可是无论领导想出什么样的方法，组织的状态仍然不能有所好转，一盘散沙。此时，我们要重新审视组织结构，从根本上去寻找原因，看看是不是组织结构出现了问题，这个结构是不是已经不再适应现代社会的发展。

领导是人体的肌肉。肌肉具有许多功能，毫无疑问，肌肉的主要功能是活动。肌肉的另一个功能是支持身体和帮助身体保持姿势，健康强壮的肌肉能够稳定身体的关节并保护骨骼。优秀的领导可以保持企业发展的热情，控制企业大跨步前进，在激烈的竞争中增强企业的攻击力度。反之，有偏颇的领导会影响组织的发展，甚至会使组织倒退。

控制是大脑。对于人类来说，大脑是中枢神经系统的最高级部分，它可以左右人的神经，也可以左右人的神志。大脑可以支配人体的活动，具有调节思维和意识的作用。人类的每个组成器官都复杂而精密，它们能够十分协调地工作，是因为它们都受着神经系统“司令部”——大脑的统一指挥。我们所有的高级生命活动都要依赖大脑的正常运作。做好大脑的保健工作可以让身体更加健康。控制就是这样一个关系到整个组织命脉的重要职能。没有控制，其他的职能就变得随心所欲，没有规矩，没有章法。虽然计划为组织指引了方向，但是更加需要控制的严格把关。

激励是血液。激励并非一种基本职能，但是它的作用不可小视。血液循环的主要功能是完成体内的物质运输，一方面给机体各器官组织输送营养物质，另一方面又把组织产生的各种废物回收并通过相应器官排出体外。血液循环一旦受阻，机体各器官组织就会缺乏营养供应，体内代谢废物堆积，造成体内一些重要器官的结构和功能受到损害而危及生命。激励就是组强的血液，为管理的各个职能提供“养分”，又能消除企业运营过程中的各种问题，保证组织活力四射。如果激励工作没有做好，组织内会残留各种“垃圾”，如员工的抱怨、各部门之间的矛盾和冲突、员工之间互相推诿等，时间久了，会变成“毒瘤”，严格阻碍组织发展。

三、管理学

管理学是一门综合性的学科，系统地研究了管理活动的基本规律和一般方法。管理学综合了经济、法律、心理、生产等相关学科，甚至包括创新技术科学的成果，具有普遍的指导意义。管理学不仅是一种知识，也是一种实践；不仅是一门科学，也是一门艺术。管理学是科学性与艺术性的有机统一。

管理有两重性：自然属性和社会属性。它的自然属性就是合理组织生产力，使管理水平和生产水平相适应，具有科学性和管理共性。它的社会属性是指管理建立在生产资料所有制基础上，为其所有者服务，具有阶级性和管理个性。

生产力要素包括土地、劳动力、资本、科技等，必须通过管理作用才能转化为组织的效益。组织欲将生产要素与先进科技水平有效结合起来，促进社会经济的发展，就必须采用有效的管理手段。从这个角度看，我们可以说管理是一种生产力，管理是更有效的生产力。管理与其他生产要素并非简单的叠加关系，管理可以放大生产力各要素的作用，产生乘数效应。

第二节 管 理 者

一、管理者的概念

俗话说：“兵怂怂一个，将怂怂一窝。”管理者在企业占有非常重要的位置，那么什么是管理者呢？管理者是管理活动的主体，指在组织中直接参与和帮助他人工作的人。

管理者具有一定的职位和相应的权力：管理者的职位越高，其权力越大。组织必须赋予管理者一定的职权，且该职权的大小足以支持管理者去完成本职工作。如果一个管理者处在某一职位上，却没有相应的职权，那么他将无法开展管理工作。与管理者相对应的概念是操作者，也就是被管理者。操作者是直接从事具体业务的人，他们仅对自己所做的具体工作承担责任。而管理者一方面要从事具体的业务工作，另一方面也要监督指挥下属员工的工作。因此，管理者不但对自己从事的工作承担责任，同时也要对被管理者的工作承担责任，即监督管理责任。

韦伯认为管理者有 3 种权力：传统权力、超凡权力和法定权力。

传统权力是靠传统惯例或世袭得来，比如帝王的世袭制。人们对其服从未必是发自内心的钦佩，可能受传统观念上习惯义务的制约，也可能是对统治阶级强大物质占有的畏惧。同样，管理者也受着传统的束缚，只是在血统上或义务上维护传统，因而缺乏动力，效率较低。

超凡权力来源于别人的崇拜与追随，带有感情色彩并且是非理性的。在追随者眼里，领袖是不会犯错的，甚至不会死亡。那么组织的方向是否正确，效果是否理想，完全取决于管理者个人的观念。这种权力不是依据规章制度，而是依据管理者树立的个人威信。

法定权力，即法律规定的、通过合法的程序所拥有的权力，比如通过选举产生的总统所具有的权力。法定权力既不是产生于传统习惯，也不依赖个人的崇拜，而是来自理性的组织机构和制度规范。组织任命的管理者，通常是靠个人实力及表现获得相应的职位。韦伯认为，只有法定权力才能作为行政组织体系的基础。

然而，在实际的管理活动中，管理者仅具有法定权力，是难以把管理工作做到游刃有余的。管理者应重视“个人影响力”，成为具有一定权威的管理者。所谓“权威”是指管理者在组织中的威望、威信。权威不是法定的，不能靠别人授权，它是一种非强制性的“影响力”。权威主要取决于管理者个人的品质、思想、知识、能力和水平，取决于同组织人员思想的共鸣、感情的沟通，取决于相互之间的理解、信赖与支持。这种“影响力”一旦形成，会吸引大量的人才，员工会心悦诚服地接受管理者的引导和指挥，从而产生巨大的团队力量。

二、管理者的分类

管理者的分类包括横向和纵向两种方法，横向分类主要是依据管理者的专业分工及业务内容来进行划分的，可分为采购管理人员、生产管理人员、销售管理人员、人事管理人员、财务管理人员、行政管理人员等。

纵向分类是按管理层次来划分，可分为基层管理者、中层管理者和高层管理者（见图 1-1）。下面我们具体解释管理者的纵向分类。

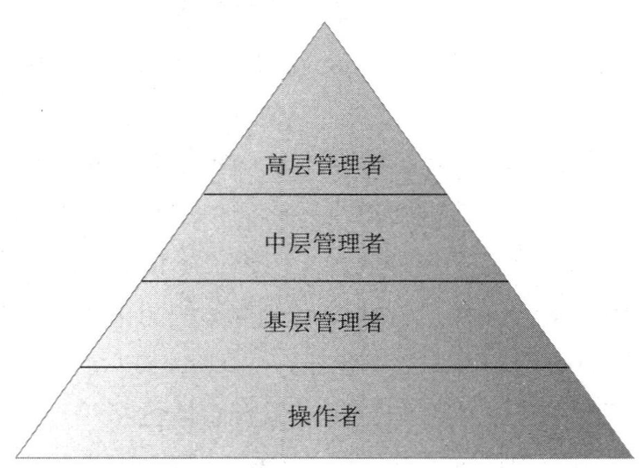

图 1-1 管理者纵向分类示意图

（一）基层管理者

基层管理者是指那些在组织中直接负责基层员工日常活动的人。基层管理者的主要职责是直接指挥和监督现场作业人员，保证完成各项计划和上级下达的指令。基层管理者直接分配每一个成员的生产任务或工作任务，随时协调下属的活动，控制工作进度，解答下属提出的问题，向上级反映下属的要求。基层管理者的称谓主要有：班组长、教练、系主任、科长等。

通常基层管理者是从基层选拔上来的，他们具有过硬的业务能力和素质。在工作上，他们不但要管理操作者的工作，同时又肩负了具体的工作和事务，所以对基层管理人员来说业务能力非常重要。在组织中，基层管理者若想“让人心服口服”，必须具备相匹配的专业技能、理论知识，熟悉自己专业范围的工作内容、程序、方法、技巧等，可以熟练运用本专业的相关工具。基层管理者工作的好坏，直接关系到组织计划能否落实，目标能否实现。所以，基层管理者在组织中有着十分重要的作用。他们是企业不容忽视的中坚力量，是企业发展的基础，又是企业人才的后备军。无数优秀的管理者，都是从基层做起的。

（二）中层管理者

中层管理者是位于组织中基层管理者和高层管理者之间的人，起到承上启下的作用。每一位中层管理者都身兼管理者和被管理者的双重角色，我们常戏称中层管理者是汉堡包中间的那片肉，在上级面前是命令的执行者，在下级面前是命令的传达者。中层管理者的主要职责是正确领会上级的指示精神，完成上级布置的任务，结合本部门的工作实际，有效指挥各基层管理者开展工作，注重日常管理事务。中层管理者的称谓主要有：项目经理、地区经理、部门经理、门店经理等。

中层管理者是决策层与执行层中间的桥梁，是企业中重要的中枢系统。中层管理者的能力和素质的高低决定了企业能否健康持续发展。有忠有能的中层，才是领导者眼中最好的中层。但是中层管理者压力比较大，工作过程中会出现身心疲惫、沟通障碍等问题，甚至会影响其正常工作。

（三）高层管理者

高层管理者是指组织中居于顶层或接近于顶层的人。高层管理者对整个组织负全责，注重良好环境的创造和重大决策的正确性，主要工作包括：确定组织目标、指引组织方向、制订战略方案、负责组织与外部的沟通、决定组织的政策方针、合理配置资源等。高层管理者的称谓主要有：总裁、副总裁、董事长、行政长官、总经理、首席运营官，首席执行官、董事会主席等。

三、管理者技能

罗伯特·卡茨指出，管理者需要具备 3 种素质或管理技能：

（一）技术技能

技术技能与人从事的具体工作有关，是指对某一特殊活动（特别是包含方法、过程、程序或技术的活动）的理解和熟练程度。它包括专业知识、灵活地使用专业工具、对问题的分析解决能力、工作技巧等。例如在生产车间要懂得生产的流程，可以熟练地使用设备；在金融部门，要熟练使用系统平台、具备点钞能力等。技术技能通常是在不断的实际操作中锻炼出来的，某档节目曾报道，一位商店里卖肉的商贩，切肉水平相当高，无论大小，她能够准确无误地切出你要的斤数。她之所以具备这种技能，是因为她已经卖了几十年的肉。类似的例子还有工厂中的老师傅，用手一掂量，就知道手里的零件质量是否合格。

这些都不是特异功能，而是熟能生巧。

（二）人际技能

简单地说，人际技能就是人际交往能力，是指成功与他人打交道并与之沟通的能力。一个优秀的管理者能够在他所领导的小组中协调好人际关系，为组织创造一种良好的氛围，建立协作和团队精神，使员工自由地、无所顾忌地表达个人观点。作为一名管理者，必须具备良好的人际技能。我们实话实说，有的人天生情商比较高，善于交流，属于多血质型人群，常常换位思考问题，说话用词恰到好处，因此解决问题的效率会比较高；而有些人天生就是实干派，宁可一个人做事，不愿意向别人解释，这样的人相对沟通能力就比较差。不过人际技能是可以通过后天教育和培训掌握的，也可以从挫折和经验中获得。

（三）概念技能

概念技能也称构想技能，指把观念设想出来并加以处理以及将关系抽象化的精神能力。通俗地说，概念技能是指管理者对复杂事物进行抽象化和概念化的能力，统观全局的能力，分析、判断情况及辨别因果的能力。具有概念技能的管理者能够准确把握组织之间、个人和团队之间以及个人与个人之间的相互关系，能够预测组织中任何行动的后果以及正确行使管理者的各种职能。概念技能包含总揽全局的能力，还包含设计技能。这里的设计技能是指以有利于组织利益的种种方式解决问题的能力。特别是高层管理者，不仅要发现问题，还必须具备找出解决某一问题切实可行的办法的能力。

这些技能对于不同管理层次的管理者的重要性是不同的。对基层管理者来说，具备技术技能是最为重要的，在同下层的频繁交往中人际技能也非常有帮助。对于中层管理者来说，对技术技能的要求相对较低，而对概念技能的要求

管理者层次	管理者所需要的技能		
高层管理者	概	人	技
中层管理者	念 技	际 技	术 技
基层管理者	能	能	能

图 1-2 管理技能分析图

较高，同时具备人际技能仍然很重要。对于高层管理者而言，概念技能特别重要，而对技术技能、人际技能的要求相对来说则很低。

当然，这种管理技能和组织层次的联系并不是绝对的，组织规模大小等一些因素也会对其产生一定的影响。比如公司规模比较小，即使是高层管理者也需要掌握技术技能。

四、成功的管理者与有效的管理者

卢森斯等人曾经对450多位管理者进行实验研究发现，管理者的主要活动包括以下4项：传统管理、沟通、人力资源管理和网络联系。其中传统管理活动指我们本书所说的管理职能，如决策、计划、控制等。沟通除了与下属的言语沟通外，更多的是文件处理，比如签字、审阅文件等。人力资源管理包括调解冲突、培训等。网络联系不是我们现在所说的互联网，是指社交活动，包括参加政治活动和一些社交晚会等。

卢森斯对管理者进行了细分，将其分为一般的管理者、有效的管理者和成功的管理者。其中，成功的管理者的特点是组织发展快，进步显著。有效的管理者的特点是工作量多，质量好，下属对其满意度高。不同的管理者用在4项主要管理活动的精力和时间是不一样的（见表1-1）。

表1-1 不同管理者时间（精力）分配表

	传统管理工作比重	沟通工作比重	人力资源管理工作比重	网络联系工作比重
一般的管理者	32%	29%	20%	19%
有效的管理者	19%	44%	26%	11%
成功的管理者	13%	28%	11%	48%

从表1-1中，我们能看出：

（1）一般的管理者，在传统管理、沟通、人力资源管理和网络联系4项活动中花费的精力几乎相同，唯有网络联系稍微少一些。

（2）成功的管理者，几乎一半的时间和精力用在维护网络关系上，从事人力资源管理活动的时间最少。网络社交活动一方面使管理者获得充分的外部情报信息，使其能够迅速及时地掌握市场动态和消费需求的变化，有利于组织适应生存环境；另一方面管理者可以结识各种专家和关键人物，充分发挥他们的潜力和智慧，帮助自己制定正确的决策并保证决策的顺利实施。

（3）有效的管理者，几乎一半的时间都用在沟通上，用在维护网络关系的精力最少。有效的管理者与成功的管理者所关注的重点是不同的。有效管理者更关注工作数量和质量以及下属对其的满意度，有效的管理者把精力主要放在组织内部的事务处理上。

五、管理者角色

管理者角色是指特定的管理者的行为类型。明茨伯格指出，管理者在组织中扮演着10种不同的角色，这10种角色又可以被归为三大类：人际角色、信息角色和决策角色。

（一）人际角色

管理者在处理与组织成员和其他利益相关者的关系时，扮演人际角色。

1. 挂名首脑角色

象征性的首脑，必须履行许多法律性的或社会性的例行义务，具有礼仪性质的职责。例如迎接来访者，签署法律文件，宴请重要客户等。

2. 领导者角色

负责激励和动员下属，负责人员配备、培训和交往，与员工一起工作并确保组织目标的实现。例如参加有下级参与的活动。

3. 联络者角色

联络者的身份，包括对外和对内两方面，对外是指与外部利益相关者建立良好的关系，维护自行发展起来的外部接触和联系网络；对内是指与工作小组一起工作，向员工提供信息。管理者必须对重要的组织问题有敏锐的洞察力，从而能够在组织内外建立关系和网络。例如发感谢信，从事外部委员会工作等。

（二）信息角色

在信息角色中，管理者负责确保与其一起工作的人具有足够的信息，从而能够顺利完成工作。整个组织的员工依赖管理者获取或传递必要的信息，以完成工作。管理者处理信息并作出决策，让工作小组按照既定的路线行事，并分配资源以保证计划的实施。

1. 监督者角色

管理者既是所在单位的信息传递中心，也是组织内其他工作小组的信息传递渠道，这由管理责任的性质决定。持续关注内外环境的变化以获取对组织有用的信息。接触下属或从个人关系网获取信息，依据信息识别工作小组和组织潜在的机会和威胁。

2. 传播者角色

分配作为监督者获取的信息，将从外部人员和下级那里获得的信息传递给组织的其他人员，有些是关于事实的信息，有些是解释和综合组织内有影响的人物的各种价值观点，保证员工获取必要的信息，以便切实有效完成工作。例如举行信息交流会。

3. 发言人角色

管理者把他们作为信息监督者所获取的大量信息分配出去，传递给单位或组织以外的个人，让相关者（股东、消费者、政府等）感到满意。作为组织所在产业方面的专家向外界发布有关组织的计划、政策、行动、结果等信息。例如举行董事会、新闻发布会等。

（三）决策角色

在决策角色中，管理者要处理信息并得出结论。如果信息不用于组织的决策，这种信息就失去了其应有的价值。

1. 企业家角色

管理者密切关注组织内外环境的变化和事态的发展，发现组织和环境中的机会，并对其进行投资，利用这种机会，制订改进方案以发起变革；同时监督某些方案的策划实施。例如制定战略、检查会议决议执行情况等。企业家应当多参加培训课，以提升自己的战略思维。

2 混乱驾驭者角色

管理者必须善于处理组织运行过程中遇到的冲突或解决问题，如平息客户的怒气，同不合作的供应商进行谈判，对员工之间的争端进行调解等。当组织面临重大的、意外的动乱时，负责采取补救行动。例如处理突发紧急事件。

3. 资源分配者角色

管理者决定组织资源（包括但不限于人力、财力、设备、时间、信息等）用于哪些项目，既要充分利用资源，又要高效解决问题。例如调度、询问、授权，从事涉及预算的各种活动以及安排下级的工作。

4. 谈判者角色

管理者把大量时间花费在谈判上，以确保小组朝着组织目标迈进。管理者的谈判对象包括员工、供应商、客户和其他工作小组，在主要的谈判中作为组织的代表。例如参与合同谈判。

表 1-2 管理者角色一览表

	角色	描述	特征活动
人际关系方面	挂名首脑	履行法律或社会义务	迎接来访者
	领导者	激励下属、人员配备、培训和交往	从事有下级参与的活动
	联络者	外部接触、外部联络	发感谢信
信息传递方面	监督者	寻求信息、了解组织环境	阅读期刊报告
	传播者	传递信息	举行交流会
	发言人	向外发布组织计划、政策行动、结果等信息	举行董事会
决策制定方面	企业家	寻求机会、发起变革、监督	制定战略、开发新项目
	混乱驾驭者	采取补救行动	检查混乱和危机
	资源分配者	分配资源	高度调查
	谈判者	谈判中的代表	合同谈判

第三节　成为优秀的管理者

管理的目的是效率和效益。

管理的核心内容是人。我常常对学生讲，管理管到最后其实就是管理人的问题，把人管明白了，一切问题都迎刃而解了。因此管理的本质就是协调各种人的关系，而不同人的心理特点和素质不同，组织面临的环境又很复杂多变，这就要求管理者能审时度势，随机应变。管理要达到预期的目的，就必须灵活地、巧妙地运用管理理论、方法和技巧。

衡量一个管理者管理能力的高低，主要看他能够培养出多少能干的人。我们都知道诸葛亮神机妙算，上通天文，下晓地理，但是他却没有培养出一个优秀的人才。这是因为在他的管理方式中，无须其他人动脑思考，只要按管理者的指令来做即可。在诸葛亮的管理下，其他人是得不到成长空间和机会的，所以诸葛亮的成绩是“蜀中无大将，廖化作先锋”。从这一点来看，诸葛亮不是一个优秀的管理者。想要成为优秀的管理者，必须学会给下属犯错的机会，让其不断地在犯错—反思中成长。优秀的管理者应该具备以下一些优势。

一、优秀的品质

子曰：“为政以德，譬如北辰，居其所而众星拱之。”德乃人之根本，优秀的品质和正派的作风是管理者应该具备的最基本的素养。那么，管理者应该具备哪些品质呢？

（一）诚信

诚信是为人之本，是管理的基石，是企业的第二生命。孟子云：“诚者，天之道也；思诚者，人之道也。”一个企业只有在经营活动中遵守诚信理念，对顾客诚实、守信，才能得到客户的信任，占有更多的市场份额，最终使企业持续发展。管理者的诚信开始成为一个组织品牌建设的关键因素。言必行、行必果，管理者要诚实守信，从思维到行为，表里如一。

（二）忠诚

“基层看技能，中层看忠诚。”对于一个企业来说，忠诚是对员工的基本要求，也是考量其是否值得培养的标准之一。而管理者的这一品质无疑显得更为重要。所谓的忠诚，是忠诚于组织，忠诚于顾客，忠诚于成员，只有对组织忠诚的管理者，才能受到员工的信任，才能经受得住考验。

（三）承担

美国著名管理顾问史蒂文·布朗曾说：“管理者如果想发挥管理效应，必须得勇于承担责任。”当下属犯错时，无论他是不是执行了管理者的指令，管理者都要勇于承担起责任，尽快解决问题，当事情得到控制以后再去追责。同时注意，如果是管理者的指令出错，那么责任主要在管理者，管理者应反思自己的问题；如果下属没有按指令做事，完全是他自以为是的行为，管理者也不要把黑锅直接简单地甩给下属，要抓住这个机会，让下属懂得错在哪里，同时跟下属一起承担起相应责任。此时管理者承担的是监督不到位的责任。很多管理者面对责任或过错唯恐避之不及，更别说替下属承担责任了。其实当管理者勇于承担责任，并带领下属积极解决问题时，一定会得到领导的认可、同级的信赖、下属的尊敬。

二、成熟的心志

（一）正确的态度

管理者正确的态度既体现在对下属的态度和感情上，又体现在对工作本身。

对下属的态度与感情是密切联系在一起的，端正态度是产生感情的前提和基础，深厚的感情是态度端正的具体体现。管理者要把下属团结在自己的周围，无论其职位级别高低，必须尊重组织中的每个成员，尊重是赢得信任的前提。管理者应以平等的心对待每个下属，营造一个融洽的氛围；以公道正派的心对待下属，坚持原则，不分亲疏、一视同仁；以赏识的眼光对待下属，使下属受到鼓舞和激励；以真诚的心对待下属，不断地与下属分享知识、分享经验、分享目标，通过分享可以很好地传达理念，表达想法，形成影响力；体恤下属的不易，学会换位思考，“己所不欲，勿施于人”，让下属从心里愿意与其共事，愿意为其排忧解难，共谋发展。

对工作本身的正确态度是指管理者要把工作看成一种快乐，在工作中找寻自我价值的实现。所谓“干一行，爱一行”，所有能够享受工作的管理者，都会取得巨大的成就；反之，把工作看成负担，满腹牢骚的人很难在工作中取得大的成绩和突破。

（二）良好的形象

以身作则、树立良好形象，是管理者素质的综合反映和具体表现。组织成员在接受管理者的管理时，不仅会听其言，也会观其行。对工作尽心尽力、认真负责、勤勤恳恳、兢兢业业、有强烈的事业心并时时刻刻以集体的荣誉和利益为重的管理者，才能获得下属的尊敬和钦佩。管理者应身先士卒，勇挑担当，要求下属做到的，自己要首先做到。

（三）强烈的事业心

事业心和责任感是干好一切工作的首要条件，也是做好一名合格的管理者的重要思想基础。有了事业心才能主动学习，提高各方面的本领，严格要求自己，处处以身作则，尽职尽责地工作。事业心体现在有热爱公司、热爱团队、热爱岗位、乐于奉献，埋头苦干的精神，有严肃认真、一丝不苟的工作态度，有开拓进取、奋力拼搏的决心。

三、卓越的能力

（一）团队建设能力

一个管理者最主要的责任就是让团队发挥出巨大的效能作用，因而管理者要具备组建团队的能力。那么如何建设一个团队呢？首先，要善于将不同的成员搭配起来，如将性格不同的人组合在一起，慢性子搭配急性子，性格暴躁的搭配温和的，性格直爽的搭配迂回的等。还有如强弱搭配、男女搭配、老少搭配等。要充分发挥每个人的优势，进而使团队发挥最大效能。其次，善于用激情去感染、激发组员的热情，挖掘他们更大的潜力，让组员对组织的远景充满信心和希望。在工作遇到难题时，要鼓励员工重新振奋起来。再次，要有强大的指挥能力，有相当的市场敏感性，准确预测未来走势，清楚工作重点，合理分配下属，精准授权。最后，除了常规性事务按规章控制之外，发生突发情况时，应头脑灵活，及时制定应急措施，心中牢记工作目标，不偏离方向，能够对事务的发展趋势作出准确的判断。

（二）为人处世能力

与上级保持良好的沟通是为人处世之道中的一个关键点。有很多基层管理者可以赢得下属的尊重，业务能力也非常优秀，却无法获得上级的肯定，原因往往是忽视了与上司的沟通。那么如何与上司沟通呢？首先要经常向上级汇报工作，让他可以掌控你们团队的活动，不必紧张你们的工作质量和效率，更不必担心对你把握不住；其次遇到问题要询问上级的意见，事先要有自己的看法，不要直接提问等待答案，不要让上级觉得你把难题都抛给了他，全指望他，那么他的压力会很大。与上级沟通得当，让其安心，加上业绩出色，自然会获得上级的支持。

另外一个关键点是与下属沟通。如前文提到的，对下属应保持公正、平等、尊重的态度，给下属发表意见和观点的机会。

如上所述，协调好上下级之间的关系，理解上级、关心下属，就是好的为人处世之道。

（三）领导带队能力

管理者的带队能力体现在其运用权力的艺术方面，该放权的时候就放权，该集权的时候就集权，放权集权有度。接到上级指令时，要清楚上级的意图，及时制订出本部门的行动方案，并将其清晰地传达给下属。要及时掌握下属的工作情况，依靠个人的魅力去影响员工，激励其顺利实现目标。

（四）学习文化能力

现今，人们的文化水平普遍提高，新技术、新设备不断涌现，办公手段也日益现代化，这就对管理者的文化素质水平提出了更高的要求。因此管理者必须具备良好的学习能力，通过学习弥补自身技术上的不足，加强对新型设备使用的熟练程度，不断地丰富自己的知识储备，更新陈旧的知识，增强自身的核心竞争力。另外管理者要具备观察能力、思维能力、应变能力、分析判断能力、决策运筹能力、计划组织能力、协调控制能力以及创新能力等。这些能力的提高，都需要丰富的文化知识作为基础。

不谋万世者，不足以谋一时；

不谋全局者，不足以谋一域

▷

有效计划篇

第一节　计划概述

计划工作是全部管理职能中最基本最重要的一个职能，它与其他4个职能有密切的联系。因为计划工作既包括选定组织和部门的目标，又包括确定实现这些目标的途径。主管人员围绕着计划规定的目标，去从事组织工作、人员配备、指导与领导以及控制工作等活动，以达到预定的目标。为使组织中各种活动能够有节奏地进行，必须有严密、统一的计划。从提高组织的经济效益来说，计划工作是十分重要的。

一、计划的概念

计划工作有广义和狭义之分。

广义的计划工作是指制订计划、执行计划和检查计划执行情况这三个紧密衔接的工作过程。

狭义的计划工作就是制订计划，即根据实际情况对组织外部环境与内部条件的分析，科学地预测、权衡客观的需要与主观的可能，提出在未来一定时期要达到的目标，以及实现目标的途径。

计划工作具有预测性，是一种需要运用智慧和发挥创造力的过程。它要求管理者能够高瞻远瞩地制定组织的战略目标，严密地规划和部署，反复权衡各方利弊，制订决策方案。计划工作的意义是：可以降低未来不确定性和未知变化带来的风险；有利于管理人员专注目标，更快捷、更准确、更经济地展开管理活动；有利于控制项目，是组织中各种活动有条不紊地进行的保证。

计划工作的性质可以概括为5种，即目的性、首位性、普遍性、效率性和创新性。计划工作相对于其他管理工作是处于首位的，原因在于计划工作影响并贯穿于整个管理活动始终，为其他职能工作制定了标准和方向。

计划工作与组织工作密切相关，组织在发展过程中会根据大的环境变化，在局部或整体上调整组织结构，设立新的职能部门或改变原有的职权关系，这就需要计划工作的支持。例如一个企业要开发一种重要的新产品，要为此专门成立一个项目小组，并实行一种矩阵式组织形式和职权关系；又或是需要委任新的部门主管，调整相关部门的人员变动，培训员工等，在此情况下就必须要制订相应的工作计划。而组织结构和员工构成的变化，必然影响领导方式和激励方式。

计划工作和控制工作尤其是分不开的，它们是管理的一双孪生子。未经制订计划标准的活动是无法实施控制的。所谓控制就是纠正脱离计划的偏差，以保持既定方向。没有计划指导的控制是毫无意义的。此外，控制职能的有效行使，往往需要根据情况的变化拟定新的计划或修改原计划，而新的计划或修改过的计划又被作为连续进行控制的基础。计划工作与控制工作的这种连续不断的关系，通常被称为“计划—控制—计划”循环。计划工作总是针对需要解决的新问题和可能发生的新机会而进行，因而它是一个创造性的管理过程。

综上所述，计划工作是一个指导性、预测性、科学性和创造性很强的管理活动，是一项复杂而又困难的工作。

二、计划的分类

（一）按计划的期限分类

按计划的期限可以分为长期计划、中期计划和短期计划。

1. 长期计划

长期计划通常指 5 年以上的计划，描述了组织在较长时期内的发展方向和方针，规定了组织的各个部门在较长时期内从事某种活动应达到的目标和要求，绘制了组织长期发展的蓝图。

2. 短期计划

短期计划一般指 1 年以内的计划，具体地规定了组织的各个部门在未来的各个较短的时期阶段，特别是最近的时段中，应该从事何种活动以及从事该种活动应达到何种要求，为各组织成员的行动提供了依据。

3. 中期计划

中期计划是介于长期计划和短期计划之间的计划。

这里需要强调的是，我们通常对计划期限的分类都是以上 3 种类型，例如会计、管理、政策规划等对计划的分类都是按时间年限来区分的。但是，经济学上对于期限的划分与管理学上有所区别，经济学不是按时间的长短来划分长期短期的，而是按生产要素的变化情况，当所有的生产要素都变化了就是长期，只要有一种生产要素没有变化，就称为短期，而这个短期的时间可能也在 10 年以上。

（二）按计划的表现形式分类

哈罗德·孔茨和海因·韦里克从抽象到具体，把计划划分为：宗旨或使命、目标、战略、政策、程序、规则、规划（方案）和预算。

1. 宗旨或使命

宗旨和使命是一个组织存在的理由，决定了组织的性质，明确了组织在社会上应发挥的作用，所处的地位。各种组织至少应该有自己的使命，否则没有存在的必要。组织的宗旨体现组织的价值观，为企业确定战略目标，树立区别于其他企业的形象。比如，大学的使命是教书育人，研究院的使命是科学研究，医院的使命是治病救人，法院的使命是评判是非和执行法律，企业的使命是生产和分配商品服务。

2. 目标

组织的宗旨或使命往往太抽象，太原则化，它需要进一步表现为组织一定时期的目标和各部门的目标。目标是围绕组织宗旨或使命制定的，并为完成宗旨或使命而努力。组织目标是各项活动所要达到的一个总体效果，目标按整体与局部的关系可分为整体目标和部门目标；按职能可分为营销目标、销售目标、财务目标、生产目标、人力资源目标、研发目标等；按管理层级可分为基层作业目标、中层职能目标和高层战略目标。

3. 战略

战略是军事用语，这里指为了达到组织总目标而采取的行动和利用资源的总计划。从目标问题中，我们也能看出战略是组织高层管理者根据环境变化，依据组织自身实力制定的，是一个整体规划的宏观过程。战略是指方向、重点和资源分配的优先次序，指导全局和长远发展的方针，并非具体地说明如何实现目标。组织制定的战略是对组织发展的谋略，具有整体性、长期性、基本性的特点。

4. 政策

政策是对指导或沟通决策思想的全面陈述。政策可以表现为文字说明，也常常会从主管人员的行动中反映出来。比如，主管人员处理某问题的习惯方式往往会被下属作为处理该类问题的模式，这也许是一种含蓄的、潜在的政策。政策支持了分权，同时也支持了上级主管对该项分权的控制。政策是在大的方面规范了一个范围，但是不会很细致，留有余地空间，允许对某些事情自由处理，而这种自由是限制在一定范围内的。自由处理的权限大小一方面取决于政策本身，另一方面取决于主管人员的管理艺术。

5. 程序

程序规定了要进行活动的时间顺序，它详细列出必须完成某类活动的具体方式，并按时间顺序对必要的活动进行排列。与战略不同，程序是行动指南，而非思想指南。与政策不同，程序没有给行动者自由处理的权利。组织中的每个部门都有程序。在基层，程序数量更多、更加具体化。程序是能够发挥出高效协调作用的工具，不断地将我们的工作从无序调整到有序。

6. 规则

规则就是对某种具体情况作出的允许或不允许的规定，没有酌情处理的余地。它详细、明确地阐明该做什么不该做什么，其本质是一种管理决策。规则通常是最简单形式的计划。

规则不同于程序。规则不说明时间顺序，可以把程序看作是一系列规则的总和，如某超市所规定的解决顾客投诉的程序，可能表现为一些规则。但是规则也可能不是程序的组成部分，比如“禁止随地吐痰”是一条规则，但并非程序。

规则也不同于政策。政策的目的是指导行动，并给执行人员留有酌情处理的余地；而规则虽然也起指导作用，但是在运用规则时，执行人员没有自行处理权限。必须注意的是，就其性质而言，规则和程序均旨在约束思想，因此只有在不需要组织成员使用自行处理权时，才使用规则和程序。

7. 规划（方案）

规划（方案）方案是一个综合的计划，它包括目标、政策、程序、规则、任务分配、方法步骤、要使用的资源以及为完成既定行动方针所需要的其他因素。一项规划（方案）可能很大，也可能很小。通常情况下，一个主要规划（方案）可能需要很多支持计划。在主要计划进行之前，必须要把这些支持计划制定出来，并付诸实施。

8. 预算

预算是一份用数字表示预期结果的报表。预算通常是为规划服务的，其本身可能也是一项规划。

（三）按计划内容的明确性分类

根据计划内容的明确性指标，可以将计划分为具体性计划和指导性计划。

具体性计划具有明确的目标，不存在模棱两可。比如，生产企业在完成工序生产时，规定了每道工序的衔接时间，制定了明确的流程及日程进度表，这便是具体性计划。指导性计划只规定某些一般的方针和行动原则，给予行动者较大自由处置权。比如，销售部门规定年底前销售目标达到3000万元，但是具体每个月达到多少销售业绩并没有明确的规定，销售人员可以第一个月就达到3000万元，也可以将其平均到每个月，又或者上半年即完成目标。相对于指导性计划而言，具体性计划虽然更易于执行、考核及控制，但缺少灵活性，它要求的明确性和可预见性条件往往很难满足。

（四）按计划的重要性分类

从计划的重要性程度来看，可以将计划分为战略计划和作业计划。

应用于整体组织的，为组织设立总体目标和寻求组织在环境中的地位的计划，称为战略计划。规定总体目标如何实现的细节的计划称为作业计划。战略计划与作业计划在时间、范围上是不同的，战略计划趋向于包含持久的时间间隔，通常为5年甚至更长，它们覆盖较宽的领域和不规定具体的细节。此外，战略计划的一个重要的任务是设立目标，而作业计划假定目标已经存在，只是提供实现目标的方法。

三、计划的程序

（一）估量机会

估量机会是指对将来可能出现的、或预示的机会进行初步分析；同时，对可能取得的成果，进行机会成本分析。估量机会是计划工作的起点，其内容包括：初步考察未来可能出现的机会；根据自己的优势和劣势，弄清组织所处的位置、面临的不确定性因素；做机会成本分析；确定可行性目标。

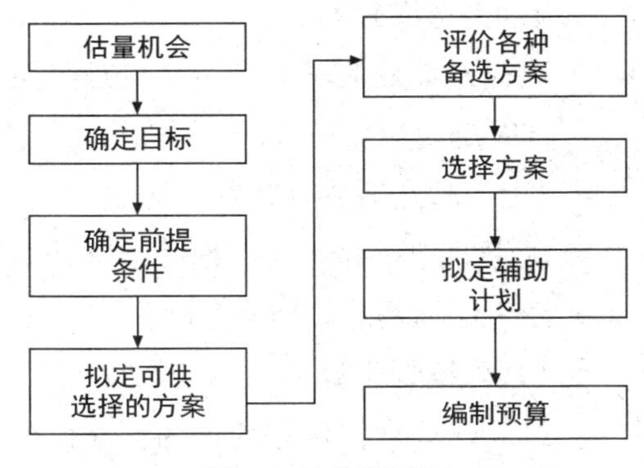

图 2-1 计划程序图

（二）确定目标

确定目标，是要说明基本的方针和要达到的目标，说明制定战略、政策、规则、程序、规划和预算的任务，指出工作的重点。

一个组织（企业）往往有许多目标，有经济方面的，还有涉及社会、环境、政治等方面的。德鲁克认为，凡是经营成功的企业，都会在市场、生产力、发明创造、物力和财力资源、人力资源、利润、管理人员的行为表现及培养发展、工人的行为表现及社会责任等方面有自己的目标。

（三）确定计划的前提

所谓计划的前提，就是计划的假设条件，或者说，是计划实施时的预期环境。环境是复杂的，有些是我们完全可以控制的，也有一些是在一定范围内可以控制的，还有完全不能被控制的。这就需要我们进行预测：多大的市场？价格怎么样？成本是多少？政治和社会环境如何？

（四）拟定可供选择的方案

一个计划往往有几个可供选择的方案。有人说："如果某一事物只有一个方法，这个方法大半是错误的方法。"完成一项任务往往有许多方案，即每一项行动均可以有不同的途径去完成，这叫作"异途原理"。要找到最适的可行方案，必须提前准备出多个可行方案供选择。当然，方案也未必越多越好。

（五）评价各种备选方案

评价各种备选方案，就是比较各个方案的利弊，根据组织的目标对方案进行评估。这里我们需要注意每个方案的制约因素，对其认识的越深刻，选择方案时的效率就越高。对每个方案进行比选的时候，既要考虑到可用数值表示的因素，又要考虑到不能用数值表示的因素。最后要注意要用总体的效益观点来衡量方案，保证全局效益。

（六）选择方案

选择方案是关键的一步，也是决策的实质阶段。在这个阶段确定采用的方案，同时确定后备方案。

（七）拟定派生（辅助）计划

派生计划又称辅助计划，是总计划下的分计划，总计划要靠派生计划来保证，派生计划是总计划的基础。

（八）编制预算

最后一项是把计划转化为预算，使之数字化，用数字反映计划。预算的实质是资源的分配，它是汇总各项计划的工具，也是衡量计划完成进度的标准。

第二节 目标管理

一、目标管理的概念

当今社会，许多团队的部分工作人员安于现状，缺乏风险意识，总认为在工作中只要能尽职尽责完成上级交给的任务即可。在月底评估考核时成绩不理想，往往推委说这个部门没跟上，那个部门不配合，平时工作中却总是关上门干自己部门的事，忽视了与其他部门、其他中心的协调。针对这样的情况，目标管理是一个极好的解决方法。下面我们先来看一个案例。

在一个四星级酒店的大礼堂里，一个四线城市的地产中介正在进行着2020年第二季度的动员大会。总经理站在舞台上，精神抖擞地说着："今年正赶上疫情，各行各业都经受着前所未有的考验，我们房产市场亦是如此。但是家人们，我对你们有信心。我坚信，你们一定能够完成任务，甚至超额完成任务！"说着，总经理在写字板上写下了这个季度的销售计划：500万元。该地产中介共有12家分店，其中有3家店在郊区，销售力度不大，其余9家分布在不同的区域，各有特色。例如有的店在学区附近，有的守着高档小区，有的在繁华地段，等等。每家店都有自己的卖点，每个店的经纪人也都各显神通。总经理问："哪个店铺先来领命？"各店长都沉默不语，他们都在暗自盘算，按上个季度的销售情况，市场行情不太好，前景渺茫，领命太高，怕完不成任务，领命太低，又怕在其他店铺面前丢了面子，因此大家都不说话，等着看看其他家的态度。时间一分一秒地过去了，这时，一家郊区的店长A站了起来，兴奋地说："我们上季度销量不好，有一个月没有开张，另外两个月一共才卖出去3套房子，佣金只有4.8万，是咱们所有店铺中最差的，这次我们想挑战一下自我，希望一个月能卖出去两套房子，一共卖掉6套，销售额达到10万元，我们领命10万元。"说罢，他看了看身后的店里的兄弟们，兄弟们也举着拳头呼喊着"挑战自我！"总经理很是高兴，为他们鼓掌。

另外一个店长B站了起来，他正是上个季度的销售冠军店，他稳重地说："虽然我们有一员大将休产假，但是我相信我们的业绩不会受到影响，这次我们领命20套房子，收益50万元。"这时，旁边的店长C站了起来说："这次我们要挑战冠军，你们守着学区房，领命 20 套，那我们繁华地段也不能落后，我们领命 23 套房子，收益 58 万元。”学区房店的店员们不干了，怎么能被超越呢，他们还要做这个季度的销售冠军，赢取店铺活动金呢。他们在后面喊着：“加！加！加！”店长 B 被兄弟们的热情感染了，情绪高涨了起来，他重新站起来说：“好，我们领命 27 套，收益 68 万元。”

就这样，每个店铺都根据自己的实际能力领了任务。很快，500 万元的计划就分了下去，甚至达到了 540 万元。

在这个案例中，总经理的动员大会其实就是一个活灵活现的目标管理案例。目标管理（Managing By Objectives，MBO）是由美国著名的管理专家德鲁克在 1954 年发表的《管理实践》一书中提出的管理方法。由于这种管理制度在美国应用得非常广泛，而且特别适用于对主管人员的管理，所以被称为“管理中的管理”。

二、目标管理的程序

目标管理的具体做法分三个阶段：第一阶段为组织目标的制定；第二阶段为实现目标的过程；第三阶段为测定与评价所取得的成果。

（一）第一步：组织目标的制定

组织目标的制定是目标管理最重要的阶段，这里包含下面几个环节。

首先，高层管理确立组织总目标。这个总目标是一个暂时的、可改变的目标预案。上级领导通过收集大量的市场资料，结合本组织的使命及长远战略，预测客观环境会为本企业带来的机会与挑战，制定此阶段预计目标，然后再同下级讨论，作最后的决策。当然，也可以反过来，由下级根据其对市场的了解，向领导提出，再由上级批准。需要注意的是，无论采用哪种方式，重点是必须由上下级共同协商确定，保证上下思路的一致性，而领导要对本企业的优劣有清醒的认识，对组织应该并且能够完成的目标心中有数。

其次是目标展开阶段。这个环节的主要工作是将总目标分解给各部门，再由各部门将任务下分到个人，目标分解的目的是确定应采取的具体行动并分配完成这些行动的具体责任。这个环节要注意几项原则：上级要尊重下级，平等待人，耐心倾听下级意见，帮助下级寻找一致性和支持性目标；个人目标与分目标要和组织总目标协调一致，支持本单位和组织目标的实现；分目标要具体、简明、量化，便于考核，分清轻重缓急，以免顾此失彼；既要有挑战性，又要有实现可能（见图 2-2）。

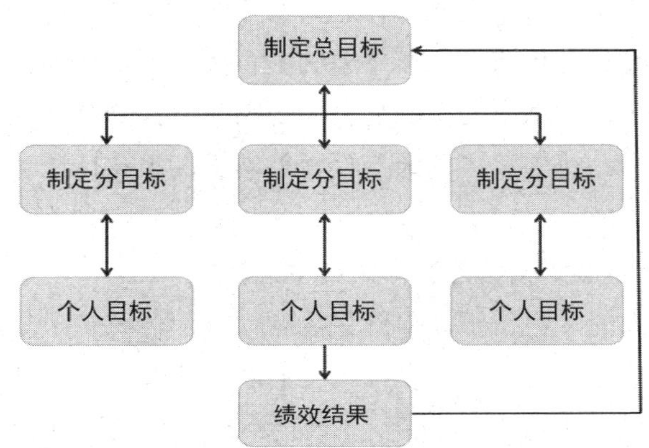

图 2-2 目标的制定环节

最后是资源配置阶段。分目标制定后，要授予下级相应的资源配置的权力，实现权责利的统一。上级询问下级，为了达成目标需要什么样的支持；下级经过层层归纳汇总将答案反馈给高层。日本将这一双向沟通的过程称为“传球”，美国称为“对话”。无论我们如何称呼这个环节，它都是保证目标达成的必要阶段，也是考验领导是否具备与员工有效沟通能力的阶段。

（二）第二步：目标的实施

目标管理重视结果，强调自主、自治和自觉，需要独立自主地完成目标。但这并不等于领导可以放任不管，相反领导要对下级进行指导，注意发现薄弱环节，及时提出意见加以纠正。由目标管理本身的特点决定这个环节要注重控制的程度，不能干涉太多，不能手把手地指挥，不能紧盯员工的进度。

（三）第三步：总结和评估

目标管理强调结果管理，因此十分重视成果评价。各级人员要定期进行检查，一般实行自我评价和上级评价相结合，共同衡量成果。目标成果的具体评价一般采用综合评价方法，按目标的可实现度、复杂程度和实现目标的努力程度三个要素对每一项目标进行评分。最后对本次目标管理活动进行总结，指出不足，寻找经验，为下一次的目标管理提供依据。

三、目标管理的优势

（一）目标管理有完整的体系，是全员参与式管理

目标管理是由上下级、领导与普通员工共同制定总目标，再将总目标层层分解，构成一套完整的体系。全员参与制定目标，不但是一种管理方式，同时也是一种激励手段，增强了员工的集体荣誉感与主人翁精神。另外员工们更了解自己的实际能力，对底层工作的条件也更熟悉，因此目标制定的更贴近真实情况，不会好高骛远。

（二）目标管理强调自我控制，是自主式管理

目标管理最大的优势在于，用自我控制代替了传统的压制式管理形式。德鲁克认为员工是愿意负责并愿意发挥自己的聪明才智和创造性的。因此，人们往往不喜欢被强迫。无限的压制会产生逆反心理，哪里有压迫哪里就有反抗，人们希望得到信任，并且能够自由地工作，拥有足够的空间，不被监视。所以这种自主式管理挖掘了人们的潜力，促使人们尽其所能地做好工作，而不仅仅是应付差事。

（三）目标管理促使权力下放，是民主式管理

目标管理促使权力下放，由员工自我管理，节省了管理者的时间及精力。管理者可以将更多的精力放在其他重要的事务上，而员工也会在轻松的氛围中，做好本职工作，可以更加充分地调动员工的积极性和创造性。

（四）目标管理重视结果，是成果式管理

由于目标管理是自我管理，因此在整个目标实施的过程中，管理者对员工减少了直接的监督检查，而是根据目标来对员工取得的成果进行绩效考核。这样节省了很多烦琐步骤，更直接地反映了企业的要求，可以客观地评定员工的成果。

四、目标管理的劣势

虽然目标管理有这么多的优势，但是也存在着一些弊端和局限性。

（一）目标设置难

并非所有的目标都可以用数字的形式分解下去，有些很难量化，甚至一些目标从技术角度来看，只能以团队合作的形式去完成，无法落实到每一个成员头上。另外，组织的环境变化日益复杂，这为组织的发展增添了更多的不确定性，增加了组织目标设置的困难。

（二）目标设置短

由于人都存在惰性，而目标管理激发起来的员工的斗志不会持续太久。因此，我们最好设定中短期目标，并且随时关注员工情绪的变化，根据实际情况调整目标。

（三）组织协调差

由于目标管理强调员工的自我管理，自发的工作，因而大家更加关心与自己的工作内容有关的事项，忽略与其他部门的相互合作与协调，利己心也就更重一些。

（四）结果衡量单一

目标管理是一种结果式管理，更关注员工乃至部门最终取得的成果，往往忽视了员工在工作过程中的其他因素，例如努力程度、外界环境带来的负面压力等，单纯地用结果评定打分，有可能伤害员工的积极性。

第三节 决　策

一招不慎满盘皆输，一招占先全盘皆活。

一、决策的定义

（一）决策的概念

决策是指管理者为了解决问题或实现特定的目标，在掌握一定信息和经验的基础上，借助工具、技巧和方法，对影响因素进行分析、计算和判断，而从若干备选的行动方案中进行抉择的过程。决策是管理者识别并解决问题的过程，或者管理者利用机会的过程。

从概念中我们可以看出，决策的主体是管理者。

美国企业家沃尔森说：“一个成功的决策，等于 90% 的信息加上 10% 的直觉。”可见，他认为决策的依据是信息。

决策的前提是有限的理性。理性包括两种，完全理性和有限理性。我们都希望在完全理性下作决策。这里说的完全理性，具有完全的信息，能够找出所有备选方案，可以排除各种不确定因素。但是很可惜，我们的理性大部分情况下是有限的。有限理性指的是面对的情况含有风险性、不确定性、复杂性，信息不完全性、知识不完备性，并含有知觉偏差。因此我们在有限理性下追求的不是“最优”的效果，而是相对满意的效果，我们的标准应该是“满意”，而不是最优。

（二）决策的类型

1. 按决策的重要性划分

（1）战略决策：指对与确定组织发展方向和长远目标有关的重大问题的决策。战略决策具有全局性、长期性与战略性，解决的是“做什么”的问题。对企业而言，这类决策主要包括企业的经营目标、发展方向、主要产品的更新换代、企业发展规模等。这类决策需要更多地考虑外部环境，力求组织与环境实现动态平衡，对组织的影响时间长，因此决策者的责任也很大，一般主要由组织的高层领导来做。

（2）战术决策：是指为完成战略决策所规定的目标而制定的、组织在未来一段较短的时间内的、具体的行动方案。战术决策解决的是“如何做”的问题，主要内容为组织内部人、财、物的分配，协调和控制等。这类决策对组织的效益有直接影响，但相对战略决策来说，决策的影响时间短，决策者所承担的责任也小些，主要由组织的中层管理者来做。

（3）业务决策：是指与企业日常活动有关业务的决策，如生产任务分配，物资采购，产品的包装，运输等。这类决策涉及范围较小，一般由组织中的基层管理者来做。

2. 按决策的重复性划分

（1）程序化决策（例行问题）：又称常规决策，是指对重复性的、经常出现的、日常性的，可以采用例行方法解决的问题所作出的决策。组织中存在的绝大多数都是例行问题。

（2）非程序化决策（例外问题）：又称非常规决策，一般指涉及面广、偶然性大、新颖、不定因素多、无先例可循、无既定程序可依的决策。管理者的重点应该放在例外问题。对于例外问题，我们要允许偏差，在一个可接受的范围，给予一个可以自主变动的标准区间。

3. 按决策条件的确定性划分

（1）确定型决策：是指决策者对未来的情况完全掌握，掌握所需要的全部信息，而且能够准确地了解决策的必然结果，如果方案已定，则此方案的后果也是唯一的。

（2）风险型决策：也称随机型决策，指决策者在对未来的确切情况和决策可能产生的后果均无法肯定，对决策问题的条件知道较多，但不全面和肯定的情况下所作的决策。决策执行后将面临几种情况，而非唯一一种。

（3）不确定型决策：决策者对决策问题的条件知之甚少，对未来事件不仅无法估计在各种特定情况下所发生的确定结果及其概率，只能依赖决策者的经验和主观判断作出决策。

4. 根据决策的主体不同划分

（1）个人决策。

（2）群体决策。

5. 按决策的方法划分

（1）定量决策：决策目标有明确的数量标准，可用数学模型进行的决策。

（2）定性决策：是指决策目标难以量化，只能依赖决策者的经验进行的决策。

二、决策方法

（一）确定型决策方法——盈亏平衡分析法

确定型决策方法又称保本点分析或本量利分析法，是研究成本、业务量（产量或销量）和利润之间函数关系的一种数量分析方法，可以用来预测利润、控制成本、判断经营状况。

各种不确定因素的变化会影响投资方案的经济效果，如成本、销售量、产品单价、项目寿命等，当这些因素的变化达到某一临界值时，就会影响方案的取舍。盈亏平衡分析的目的就是找出这种临界值，比如找出正好不赔不赚时的销量，找出销量为 5 万件时，利润率 10% 的单价等，判断投资方案对不确定因素变化的承受能力，为决策提供依据。

一般说来，收入 = 成本 + 利润，如果利润为零，则有收入 = 成本 = 固定成本 + 变动成本，而收入 = 销售量 × 价格，固定成本保持不变，变动成本 = 单位变动成本 × 销售量，综上，销售量 × 价格 = 固定成本 + 单位变动成本 × 销售量，可以推导出盈亏平衡点（销售量）的计算公式为：

盈亏平衡点（销售量）= 固定成本 /（单价 - 单位变动成本）

盈亏平衡点越低，也就是不赔不赚的产量越底，说明项目盈利的可能性越大，亏损的可能性越小，因而项目有较大的抗经营风险能力。

我们来看一道例题。

例题：某企业生产某种产品的固定成本是3万元，该产品的单位变动成本为60元，单位产品的售价为100元，求盈亏平衡点及生产量为1000件时的经营安全率。

解答：①销售量＝固定成本/（单价－单位变动成本）

＝30000/（100－60）＝750（件）

②（1000－750）/1000=25%

（二）风险型决策方法——决策树

决策树是一种很好的归纳分类算法，由决策点、方案枝、状态结点、概率枝和损益值组成。决策树中每个决策点代表一个待决策的问题；决策点引出方案枝，每根方案枝代表一个决策方案；每根方案枝连接到一个新的节点，我们称它为状态结点；状态结点引出的是概率枝，表示每种情况发生的概率；概率枝连接的是损益值（见图2-3）。

我们可以仔细观察图2-3，把书逆时针转动90度角，它的形状像是一棵大树，因此得名决策树。下面的决策点就是树根，方案枝是树干，概率枝是小的树枝，损益值是树叶。

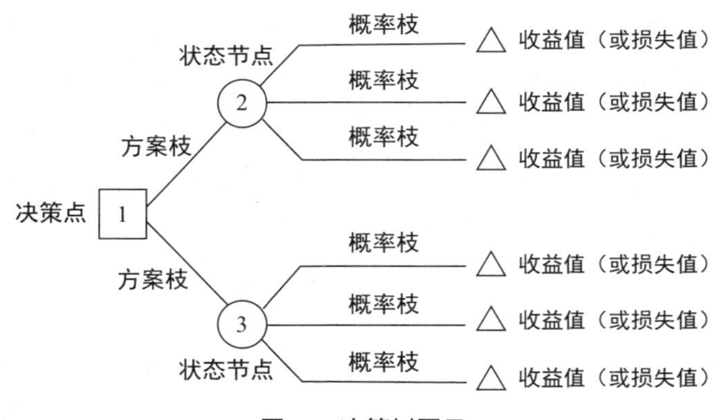

图2-3 决策树图示

决策树是从左向右画，从右向左计算。通过各状态节点的经济效果的对比，按照一定的决策标准就可以选出最优方案，选择好最佳方案以后，我们要剪掉其他方案，这就是剪枝。

例题：某公司决定扩大家用电器的生产，方案有两个：一是新建车间，需投资90万元；二是改造老车间，需投资40万元，使用期为10年。两个方案在各种自然状态下每年销售利率及各种自然状态的概率如表 2-1。

表 2-1 市场前景分析表

自然状态	概率	方案	
		新建车间年利润	改造老车间年利润
销路好	0.6	100 万元	50 万元
销路差	0.4	−30 万元	40 万元

解答：这道题，我们先从左到右把图画出来，然后计算。

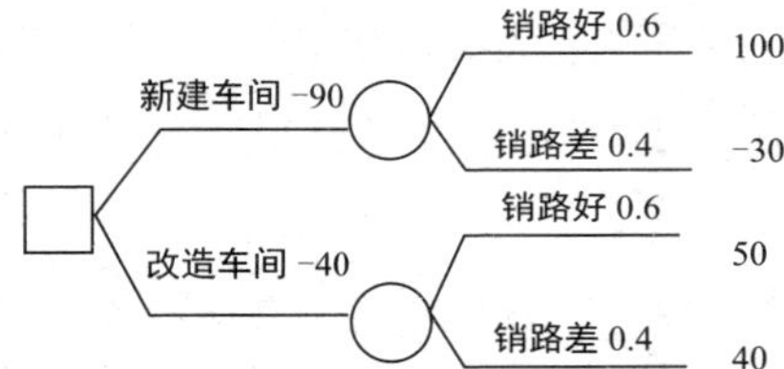

[100×0.6+（−30）×0.4]×10=480　　480−90=390

[50×0.6 + 40×0.4]×10=460　　460−40=420

计算后，我们把结果填入结点里。

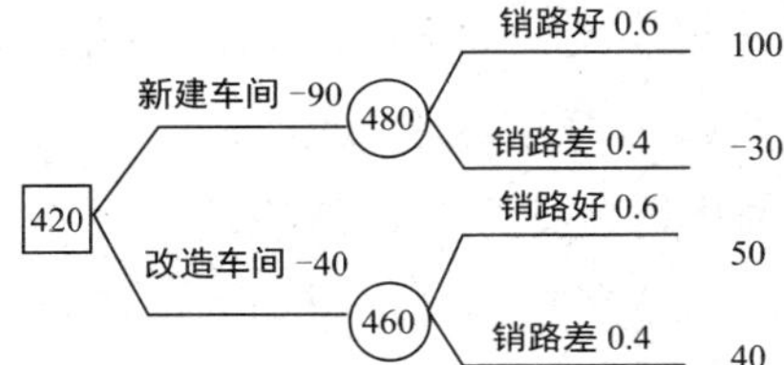

最后剪枝，我们选择方案 2。

（三）不确定型决策方法——风险偏好

不确定型决策方法又称非确定型决策，非标准决策或非结构化决策，是指决策人无法确定未来各种自然状态发生的概率的决策。不确定型决策的主要方法有等可能性法、保守法、冒险法和最小后悔值法。

等可能性法就是求平均值，是对所有未来预测的数据求平均值，选其中最大的那个。

保守法也称瓦尔德决策准则，是小中取大的准则。在不知道各种自然状态在未来发生的概率的情况下，决策者不喜欢冒险，决策目标是避免最坏的结果，力求稳妥，达到风险最小。运用保守法进行决策时，假设在未来最坏的可能性下，能够达到的收益，即确定每一可选方案的最小收益值，然后从这些方案最小收益值中，选出一个最大值，也就是在最坏的市场状态下能达到的最大收益，而与该最大值相对应的方案就是所选择的决策方案。

冒险法也称乐观决策法，是大中取大的准则。同样在不知道各种自然状态未来发生概率的情况下，决策者敢于承担风险，只看好的一面，追求最好的自然状态下确保获得最大的利润。冒险法在决策中的具体运用是：首先确定每一可选方案的最大利润值，也就是最佳状态的销量，然后在这些方案的最大利润中选出一个最大值，而与该最大值相对应的那个可选方案便是选择的决策方案。由于根据这种决策方法作出的决策也可能有最大亏损的结果，因而称这种心理是冒险投机心理。

最小后悔值法也称萨凡奇决策准则。在决策者不知道各种自然状态未来发生的概率的情况下，决策目标是确保避免较大的机会损失。下面我简单地解释一下，先说机会成本，它是指为了选择某个方案而放弃的其他方案能带来的最高利益。举个例子，现在有三个项目可供选择，分别是 A、B、C，如果你选择了 A 方案，意味着你放弃了 B 和 C 方案，而 B 和 C 方案未来能带来的收益分别为 1000 万和 1500 万，那么此时你的机会成本就是 1500 万。那么我们回头来说这个机会损失，比如 A 方案给我们最终带来的收益是 1200 万，那么比起 C 方案，我们的机会损失就是 300 万。它指的是当我们选择一个方案以后，其他的方案与这个方案比，少赚到的收益。市场的环境发生了变化，我们很可能会后悔当初的选择。最小后悔值指的就是无论怎样，我们的后悔数字最小。运用最小后悔值法时，首先要从不同市场状态下选择销量最高的方案，然后用这个方案收益减掉其他方案的收益，将决策矩阵从利润矩阵转变为机会损失矩阵；然后确定每一可选方案的最大机会损失；最后选择最大后悔值中的最小方案。也就是选择一个最不会让我们后悔的方案。

我们不难看出，上述几个方法无非就是在论述管理者的风险偏好，对于风险承受能力强的。积极乐观的管理者只看事物好的方面，就会优中取优；风险承受能力弱的管理者，会盯住事物坏的方面，害怕经济向不好的方向发展，所以会选择坏的形式下让自己损失最小的方案。下面通过例题来具体分析。

例题：市场未来的前景有三种可能性，好销、一般和滞销，企业可以选择三种进货形式，A：大批量进货，B：中批量进货，C：小批量进货。最终数据下表所示，我们分别用等可能性法、保守法、冒险法和最小后悔值法来判断选择哪个方案。

方案	最终收益（单位：万元）		
	好销	一般	滞销
A：大批量进货	800	400	-300
B：中批量进货	500	200	-160
C：小批量进货	300	100	-10

解答：

①等可能性法：（800+400−300）/3 = 300（万元）

（500+200−160）/3 = 180（万元）

（300+100−10）/3 = 130（万元）

所以选择方案 A。

②保守法：$f(A)$ = min（800，400，−300）= −300（万元）

$f(B)$ = min（500，200，−160）= −160（万元）

$f(C)$ = min（300，100，−10）= −10（万元）

max [$f(A)$, $f(B)$, $f(C)$] = max (−300, −160, −10) = −10（万元）

所以选择方案 C。

③冒险法：$f(A)$ = max（800，400，−300）= 800（万元）

$f(B)$ = max（500，200，−160）= 500（万元）

$f(C)$ = max（300，100，−10）=300（万元）

max [$f(A)$，$f(B)$，$f(C)$] = 800（万元）

所以选择方案 A。

④最小后悔值法：先将决策矩阵从利润矩阵转变为机会损失矩阵

方案	最终收益（单位：万元）		
	好销	一般	滞销
A	800	400	-300
B	500	200	-160
C	300	100	-10

选出每种市场情况下的最大收益，然后用这个数值减去其他方案对应数值，得出下表。

方案	最终收益（单位：万元）		
	好销	一般	滞销
A	0	0	290
B	300	200	150
C	500	300	0

从每种方案中选出最大数字，再从三个数字中选择最小的那个就是我们要的方案。

min［f（A），f（B），f（C）］= min（290，300，500）= 290（万元）

所以选择方案 A。

（四）头脑风暴法

在群体决策过程中，由于成员之间相互影响，形成从众思维，又或者倾向于权威的意见，形成所谓的“群体思维”。群体思维削弱了群体的创造力和批判精神，思想完全统一，没有反对的呼声，损害了决策的质量。为了保证群体决策的创造性，提高决策质量，管理上发展了一系列新式决策方法，其中就包含头脑风暴法。

头脑风暴法（Brain storming method），由美国 BBDO 广告公司的奥斯本首创，该方法主要由价值工程工作小组人员在正常融洽和不受任何限制的气氛中以会议形式进行讨论、座谈，打破常规，积极思考，畅所欲言，充分发表看法。

头脑风暴最早是精神病理学上的用语，是针对精神病患者的精神错乱状态而言的，如今用于表示无限制的自由联想和讨论，其目的在于产生新观念或激发创新设想。在决策方面，头脑风暴法鼓励大家敞开心扉，畅所欲言。在这一过程中可能会冒出许多的突发奇想，会后再由管理者对这些想法一一评价，选出最适合方案。

（五）德尔菲法

德尔菲法由美国兰德咨询公司和道格拉斯公司提出，本质上是一种反馈匿名函询法。其大致流程是：在对所要预测的问题匿名征求专家的意见之后，进行整理、归纳、统计，再匿名反馈给各专家，征求意见，接着再集中，再反馈，直至得到一致的意见。其过程可简单表示如下：

选择专家→设计调查表→函询匿名征求专家意见→归纳、统计→匿名反馈→统计、分析→输出结论。

由此可见，德尔菲法是一种集体匿名思想交流过程。德尔菲法有三个特点：

第一个特点是匿名性，这是德尔菲法一个极其重要的特点。所有专家组成员背靠背，只是通过信函交流，专家彼此互不知道有谁参加预测，他们是在完全匿名的情况下交流思想的。这样就可以消除权威的影响。

第二个特点是反馈性，该方法一般需要经过几轮的信息反馈，每经过一次反馈，对于决策方案就有更进一步的研究，最终得到一致的、客观高效的结论，所以结果较为客观、可信。但这也是德尔菲法的一个弊端，就是反复的反馈需要经历的时间较长。

最后一个显著特点是统计性。德尔菲法运用了统计方法，它报告 1 个中位数和 2 个四分点，其中一半落在 2 个四分点之内，一半落在 2 个四分点之外。这样，每种观点都包括在这样的统计中，避免了专家会议法只反映多数人观点的缺点。

五色交辉，相得益彰；

八音合奏，终和且平

▷有效组织篇

第一节　组织职能概述

一、组织的概念

社会上的组织随处可见，公司、企业、医院、学校、幼儿园等都是组织，这些组织拥有共同的特点：群体性和分配性。群体性是指，组织由形形色色的人构成，大家聚集在一起，共同完成组织的使命。分配性是指将组织中的各种资源分配给不同的部门去使用，达到效益最大化。

组织包括静态的组织和动态的组织。静态的组织是指组织的名词解释，即有结构的团队；动态的组织是动词解释，即组织职能。组织有既定目标（组织成员一致努力以求达成的共同目标）、既定分工（组织成员通过分工而专门从事的某项职能工作）和既定秩序（通过有关的规则设定所形成的成员之间的正式关系）。

二、组织的职能

组织职能是指在特定环境中，为有效实现群体目标，建立组织结构，配备人员，使实体组织协调运行的一系列活动。

（一）组织职能的基本内容

组织职能的两大重要任务就是完成分工与合作。因此组织职能中的内容包括：设计一套完整的组织结构，确定职权关系，人员配备，优化组织结构。

（二）组织职能的基本程序

1. 第一阶段：组织设计过程

（1）要根据组织的宗旨、目标和主客观环境，确定组织结构设计的基本思路与原则。

（2）根据企业目标设置各项经营、管理职能，明确关键职能，并把公司总的管理职能分解为具体管理业务和工作等。

（3）选择总体结构模式，设计与建立组织结构的基本框架。

（4）设计纵向与横向组织结构之间的联系与协调方式、信息沟通模式和控制手段，并建立完善的制度规范体系。

2. 第二阶段：组织运行过程

（1）为组织运行配备相应的管理人员和工作人员，并进行培训。

（2）对组织成员进行考核，并设计与实施奖酬体系。

（3）反馈与修正。在组织运行过程中，加强跟踪控制，适时进行修正，使其不断完善。

3. 第三阶段：组织变革过程

（1）发动变革，打破原有组织定势，为建立新组织模式扫清道路。

（2）实施变革。

三、组织的变革与发展

（一）组织的变革

组织变革是指组织主动地、自觉地因条件变化而作出的相对反应，是组织为了实现自身的目标，根据外部环境和内部因素的变化，对组织现状主动地进行修正、改变和创新的过程。这个变革是不可避免的。

任何组织形式都有他的时效性，当外部环境变化了，内部会出现各种新问题，不变换组织结构，这个结构就无法再继续为组织服务。组织变革，是基于社会宏观环境下，外部环境的重大变化延伸到组织内部，组织应变的一种动态过程。在变化过程中会出现各种问题，例如很多人都不愿意变化，变化会给大家带来不舒适感。组织变化的外部动因包括经济、政治和法律政策、社会文化、市场竞争、人口（老龄化）、技术、外部利益相关者、自然资源和自然环境等。组织变化的内部动因包括组织经营状况、组织结构的缺陷、组织战略改变、组织规模扩大、人力资源变化等。

分析组织能力的变化，我们首先需要了解社会的宏观环境是如何演变的。我们可以借助PEST分析框架，从四个维度观察外部变化对组织进化的影响，分别是政治（Politics）、经济（Economy）、社会（Society）和技术（Technology）。这四个维度中，经济和技术对组织能力产生决定性的影响。从信息经济学的角度看，组织能力就是组织将信息流在组织运营中实现价值最大化的能力。信息流的价值取决于两个维度，一是信息流在组织中传递的效率，二是信息流在组织中传递所耗费的成本。技术条件，尤其是信息技术，对信息流在企业中传递的效率和成本起到决定性的作用。为了配合技术实现信息流传递效率的不断提升，越来越多的组织纷纷调整组织架构，以实现配套的组织能力与组织战略的一致性。

（二）组织发展

组织发展是一种基于行为科学研究和理论，有计划的、系统的组织变革的过程。组织发展的条件包括明确的发展要求、明确的目标规划、良好素质的团队、良好的沟通渠道、健全的激励机制。

第二节　组织结构设计

一、组织结构设计的概念

组织结构（Organizational structure），就是在整个组织中划分出空间位置，各职能部门根据上下左右层级关系，在管理工作中进行分工协作，在职务范围、责任、权利方面形成的结构体系。组织结构是整个管理系统的“框架”，是为实现组织的战略目标而服务的。

组织结构设计是组织工作的核心内容，是指对一个组织的组织结构进行规划、构造、创新和再造，从而使企业获得最佳绩效的过程。德鲁克在《21 世纪的管理挑战》中提道：没有唯一正确的组织结构，只有普遍适用的组织原则。因此理想的组织结构不是理论上的，没有一种组织结构对于某个组织是完全适用的，也没有一种组织结构适用于所有的组织。我们必须在实践中去摸索，根据自己组织的情况，创立适合的组织结构。适合的组织结构会衡量以下几方面的问题：企业目标、企业的资本、经营者的理念、企业战略计划、企业运营的效率、各层管理者的素质、市场的发展状况、企业的技术水平、外界环境变化等因素，使企业达到最高收益。为了让企业能够更好地适应市场状态，需要设计适合的组织结构，并随着企业的发展进行调整。

二、组织结构设计的原则

（一）目标精准、任务明确

企业组织设计的根本目的，是为实现企业的战略任务和经营目标服务的，这是一条最基本的原则。组织结构的设计，必须从组织要实现的目标、任务出发，并为之服务。衡量组织结构设计的优劣，要以是否有利于实现企业任务、目标作为最终的标准。因此在进行组织结构设计时，首先要明确组织确立的任务和目标是什么，分析组织必须设立的机构、职务、人才等。从这一原则出发，当企业的任务、目标发生重大变化时，组织结构必须作相应的调整和变革，以适应变革的需要。进行企业机构改革，必须明确要从任务和目标的要求出发，该增则增，该减则减，避免单纯地把精简机构作为改革的目的。必须做到因事设职，因职用人，也就是“事事有人做，人人有事做”。

（二）专业分工、团队协作

现代企业的管理，工作量大，专业性强，分工与协作有利于提高管理工作的质量与效率。分工就是把组织的任务和目标按专业化程度和工作效率的要求进行分解，把专业跨度不大、业务性质类似的部门合并在一起，明确各层次、各部门以及个人的工作内容，按照专业化的原则设计部门和确定归属，同时要有利于组织单元之间的协作。协作就是要部门与部门之间，人与人之间有效配合，在合理分工的基础上，各专业部门只有加强协作与配合，才能保证各项专业管理的顺利开展，达到组织的整体目标。

贯彻这一原则要注意以下几点：①实行系统管理，归大类，把职能性质相近或工作关系密切的部门归类；②设立一些必要的委员会及会议来实现协调。③创造协调的环境，提高管理人员的全局观念。

分工与协作是相辅相成的，只有分工没有协作，整个组织会变的人心涣散，没有凝聚力；没有分工就谈不上协作，分工是协作的前提，协作是分工的重要保障。

（三）统一指挥、防止多头

统一指挥原则也称统一与垂直性原则，它是最经典的也是最基本的原则，即在设计职权关系中，必须保证指挥的统一性，防止令出多门，各级机构及个人必须服从一个上级的命令和指挥，只有这样才能保证政令统一，行动一致。贯彻这一原则要注意以下几点：①管理明确，任何一级组织一个部门只能并必须由一个人最终负责，即避免多头指挥和无人负责现象；②下级只能向自己直线上级请示工作，不能越级请示工作；③上级可以越级检查工作，但一般不能越级指挥下级；④确定管理层次时，使上下形成一条连续的不间断的等级链，明确职责、权力和联系方法；⑤职能部门一般只能作为同级直线领导的参谋，无权对同级直线领导发号施令。

（四）适当幅度、控制层次

管理幅度，是指一名领导直接有效管理下属的人数。每个管理者管理幅度大小的设计，必须确保能实现有效控制。由于受个人精力、知识、经验条件的限制，一名领导人能够有效领导的直属下级人数是有一定限度的。它受职务的性质、人员的素质、职能机构健全与否等条件的影响，因此并非是固定的。《圣经》中记载，摩西的岳父给摩西建议，一个人管十个人，把能管理十个人的人定为十夫长，管十个十夫长的为百夫长。

管理层次，就是指在职权等级链上所设置的管理职位的级数。当组织规模一定的情况下，管理幅度的大小同管理层次的多少呈反比例关系，管理幅度越大，管理层次就越少；管理幅度越小，管理层次就越多。这一原则要求在确定企业的管理层次时，必须考虑到有效管理幅度的制约。因此，有效管理幅度也是决定企业管理层次的一个基本因素。管理层次多意味着管理者多，费用也多，沟通的难度和复杂性加大。随着层次和管理者人数的增多，控制职能会更加困难。

（五）权力下放、松紧有度

设计组织结构时，既要有必要的权力集中，又要有必要的权力分散，两者不可偏废。要将高层管理者的权力适度集中和放权于基层有效结合起来。

集权，指决策权在组织系统中较高层次的一定程度的集中。集权是大生产的客观要求，它有利于保证企业的统一领导和指挥，有利于人力、物力、财力的合理分配和使用。

分权，指组织的一些权力根据职务需要分割到各阶层。分权可以调动下级积极性，合理分权有利于基层根据实际情况迅速而正确地做出决策，也有利于上层领导摆脱日常事务，集中精力抓重大问题。因此，集权与分权是相辅相成的，是矛盾的统一。没有绝对的集权，也没有绝对的分权。

企业在确定内部上下级管理权力分工时，主要应考虑的因素有：①组织的规模。规模越小越倾向于集权，当组织规模扩大后，为了加快决策速度、减少失误，最高管理者就要考虑适当的分权。②决策的代价。决策的层次越高、重要性越强、失误付出的代价越大，越应该集权。③组织发展阶段。组织在初创期，一般采取和维持高度集权的管理方式。随着组织逐渐成长，规模日益扩大，则由集权的管理方式逐渐转向分权的管理方式。④管理人员的数量与素质。管理人员的不足或素质不高可能会限制组织实行分权。相反，如果管理人员数量充足、经验丰富、训练有素、管理能力强，则可较多地分权。⑤可控性。分权不可失去有效的控制。高层领导在分权的时候，必须同时保持对下属的工作和绩效的控制。如果控制手段高、控制技术强，可较多地分权。⑥工作范围。不同的工作岗位对于集权与分权的要求不同，要根据各部门的工作内容加以区分，不可一个标准限定所有的部门。

（六）责权利相结合

要使每一个组织部门或职位所拥有的责任、权力和利益相匹配。

任何组织或团体的管理者，都具有一定的职位，都要运用和行使相应的权力，同时也要承担一定的责任。当组织赋予管理者一定的职务和地位，从而形成了一定的权力时，相应地，管理者同时也就担负了相应的责任。组织中的各级管理人员，责和权必须对称且明确。没有责任的权力，必然会导致管理者滥用职权；没有权力的责任会增加管理者的压力，导致在工作中相互推诿。有权无责或有责无权的人，都难以在工作中发挥应有的作用，都不能成为真正的管理者。

责任是对管理者的基本要求，管理者被授予权力的同时，应该对组织或团体的命运负有相应的责任，对组织或团体的成员负有相应的义务。权力和责任应该同步消长，权力越大，责任越重。比较而言，责任比权力更本质，权力只是尽到责任的手段，责任才是管理者真正的象征。如果一个管理者仅有职权，而没有相应的责任，那么他是做不好管理工作的。如果管理者没有尽到自己的责任，就意味着失职，等于放弃了管理。

（七）保持稳定、增加弹性

在组织的发展中，既要保证组织的相对稳定性，又要在目标或环境变化情况下能够适应或及时调整。稳定的组织结构能够保障企业在受到外界条件的刺激下有序正常运转；另外当外界环境发生重大变化时，组织又能根据变化了的情况作出相应的变更。因此要求组织结构应具有一定的弹性和适应性，能够对外部环境变化作出适应的调整和变化。

组织结构要随着组织的发展而不断调整。例如在企业创业初期，规模较小，人员较少，只要有几个满足企业生存的职能部门甚至几个履行职能的人选即可；而在成长期，企业需要不断扩大市场、提高市场占有率和市场增长率，企业几乎把所有的精力都放在“增长”两个字上，因此此时拓展部和市场部成为企业的重要职能部门，需要配备大量的人资物资。

另外，弹性结构的原则要求组织内工作职位的设置富有弹性，按任务和目标需要设立岗位和职位，而不是按人设岗。为此，需要在组织中建立明确的指挥系统、责权关系及规章制度；同时又要求选用一些具有较好适应性的组织形式和措施，使组织在变动的环境中，具有一种内在的自动调节机制。

（八）机构精简、人员精干

我们这里说的机构精简就是在服从由组织目标所决定的业务活动需要的前提下，力求减少管理层次，精简管理机构和人员，充分发挥每位成员的积极性，提高管理效率，更好地实现组织目标。对于企业来说最好的状态是人人有事做，事事有人做；无论发生什么样的情况，都必然有人来对此事负责；团队成员能够紧密合作，无缝对接。相反，一个繁多臃肿的组织，人浮于事，办事拖沓，效率低下。

三、组织结构设计的内容

（一）职能结构设计

职能，指的是知识、技能、行为与态度的组合，能够帮助提升个人的工作成效，进而带动企业对经济的影响力与竞争力。组织的职能一般指组织为了实现目标所需的各项业务工作以及比例和关系。

在设计职能结构时，组织首先要进行职能分析，准确指出组织的具体工作包括哪些，明确各职能之间的关系，分清主要职能和辅助职能；然后对职能进行整理；最终分解职能，将具体工作专业分工，转化为员工的行动方向。

职能结构设计好坏的评判项目包括职能交叉（重叠）、职能冗余、职能缺失、职能割裂（或衔接不足）、职能分散、职能分工过细、职能错位、职能弱化等方面。

如果组织的有些职能不合理，那就需要进行调整，对其弱化或取消。

（二）框架结构设计

框架设计是组织设计的主要部分，旨在研究分工问题。其内容简单来说就是纵向的分层次，横向的分部门。

首先我们来谈谈纵向的层次结构设计。层次结构是指管理层次的构成及管理者所管理的人数。组织的管理层次可以分为高层、中层和基层。这里的每个层次不是只有一层，要根据组织的规模、职能需要、工作效率设置具体的层次，比如高层里涵盖 2 个层次、中层里涵盖 4 个层次等，因此不同的企业规模，管理层次是不同的，小公司可能只有 3 个层次，而跨国大公司的管理层次可达 20 层之多。另外，注意管理层次的差异化设计，不可能所有的部门层次都整齐划一，比如生产部门针对不同的产品、不同的班组要进行多方位的层级划分，管理层级会偏多，而研发部门可能层级就比较单一。其考量维度包括管理人员分管职能的相似性、管理幅度、授权范围、决策复杂性、指导与控制的工作量、下属专业分工的相近性。

接下来我们谈谈横向的部门设计。部门结构是指各管理部门的构成。把职能相同或相近的人组合到一起，就构成了部门。部门的划分可以根据几个标准，包括根据职能划分、根据产品划分、根据地域划分等。其考量维度主要是一些关键部门是否缺失或优化，具体从组织总体型态，各部门一、二级结构进行分析。

（三）职权结构设计

职权是指各层次、各部门在权力和责任方面的分工及相互关系。职权设计主要包括专业分工，确定各部门的权力；根据部门之间的协作关系，确定各自的权力。职权设计研究分工的各个层次、各个部门之间如何进行合理的协调、联系、配合，以保证其高效工作，发挥管理系统的整体效应，主要考量部门、岗位之间权责关系是否对等。

（四）规范设计

规范设计就是管理规范的设计。管理规范就是企业的规章制度、条例、标准等，它是管理的规范和准则。管理规范设计是用文字形式规定管理活动的内容、程序和方法。结构本身设计最后要落实并体现为规章制度。管理规范保证了各个层次、部门和岗位，按照统一的要求和标准进行配合和行动。管理规范具体包括：管理制度、工作标准、管理标准等。

（五）人员设计

人员设计就是管理人员的设计。组织结构的本身设计和规范设计，都要以管理者为依托，并由管理者来执行。因此，按照组织设计的要求，必须进行人员设计，配备相应数量和质量的人员。

四、组织结构设计的类型

（一）直线制

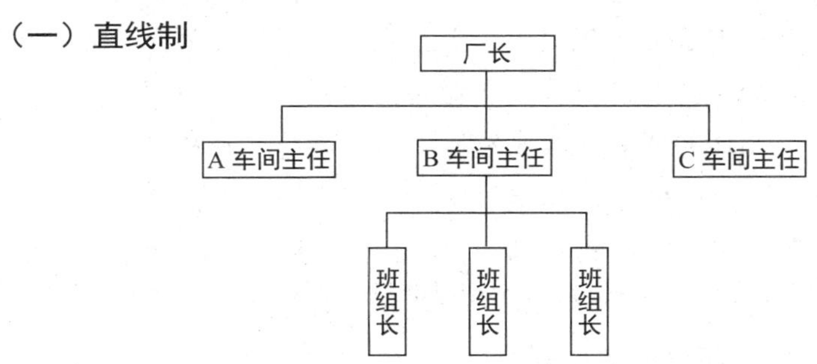

图 3-1 某厂直线制组织结构图

直线制组织结构（Line organization）是最古老的组织结构形式，是最简单、最基础的组织形式。它的特点是企业各级单位从上到下实行垂直领导，信息从上级向下级单线传递，下属部门只接受一个上级的指令，只对直接上级负责、向其汇报工作，各级主管负责人对下级部门的一切问题负责。每一位主管人员对其直接下属拥有直接职权，对所管辖的部门的所有业务活动行使决策权、指挥权和监督权。没有其他的职能部门。组织中基本所有的事情都是最高管理者说了算，这就要求最高管理者对公司中的所有事情都了如指掌，属于全能型人才。

这一组织结构的优点是：结构比较简单，责任分明，命令统一。缺点是：它要求领导层综合能力强，通晓多种知识和技能，亲自处理各种业务。因此适用于规模较小，初创的小公司和生产技术比较单一的企业。

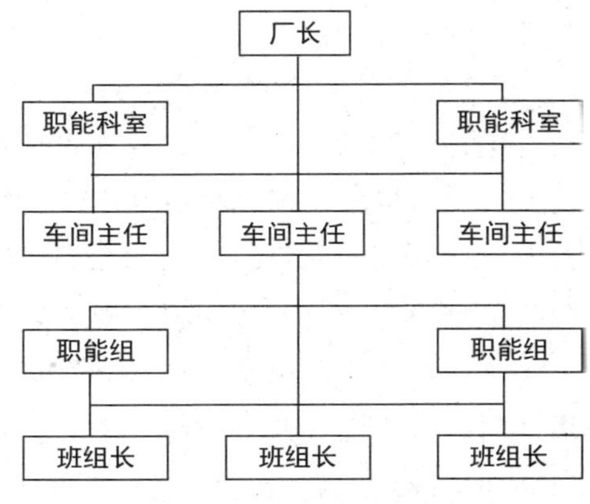

图 3-2 某厂职能制组织结构图

（二）职能制

职能制组织结构，是在各级行政单位根据工作的不同职能划分出不同的业务部门，比如生产、经营、销售、人事等，我们称这些部门为职能机构。如图3-2，在厂长下设立职能科室，协助厂长从事职能管理工作。这种结构要求领导把相应的管理职责和权力交给相关的职能机构，各职能机构有权在自己业务范围内向下级部门发号施令。因此，下级部门除了接受上级领导的指挥外，还必须接受上级各职能机构的领导。

职能制的优点是：能适应现代化工业企业生产技术比较复杂、管理工作比较精细的特点；能充分发挥职能机构的专业管理作用，减轻直线领导人员的工作负担。缺点是：它妨碍了必要的集中领导和统一指挥，形成了多头领导；不利于建立和健全各级行政负责人和职能科室的责任制；另外，在上级领导和职能机构的指导发生矛盾时，下级就无所适从，会影响工作的正常进行，容易造成纪律松弛，生产管理秩序混乱。由于这种组织结构形式的明显缺陷，现代企业一般都不采用职能制。当企业发展规模扩大，公司更加多元化，这个形式就不再适合了。

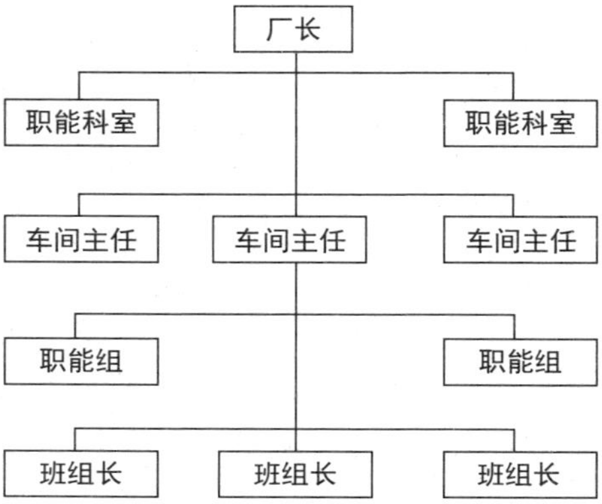

图 3-3 直线 - 职能制组织结构图

（三）直线 - 职能制

直线 - 职能制组织结构被称为“U- 型组织”或“单一职能型结构”或直线参谋制。它是在直线制和职能制的基础上，取长补短，吸取这两种形式的优点而建立起来的。如图 3-3，在厂长（经理）领导下设置相应的职能科室，实行厂长（经理）统一指挥与职能部门参谋、指导相结合的组织结构形式。直线职能制是一种集权与分权相结合的组织结构形式。

这种组织结构形式是把企业管理机构和人员分为两类，一类是直线领导机构和人员，按命令统一原则对各级组织行使指挥权；另一类是职能机构和人员，按专业化原则，从事组织的各项职能管理工作。直线领导机构和人员在自己的职责范围内有一定的决定权和对所属下级的指挥权，并对自己部门的工作承担全部责任。而职能机构人员，则是直线指挥人员的参谋，对下级部门没有直接指挥权，只能进行业务指导，是一种指导关系，而非领导关系。在这里，通过上述两个图形，我们一定要注意直线 - 职能制与职能制结构的区别，直线 - 职能制的职能机构对下级部门没有发号施令的权力，而职能制结构中，职能部门可以对下级部门发号施令。

直线 - 职能制组织结构的优点是：快速、灵活、维持成本低且责任清晰，既保持了直线制结构集中统一指挥的优点，又吸收了职能制结构分工细密、注重专业化管理的长处。这一组织结构有助于提高管理工作的效率，同时有效地规避了职能制结构的多头领导问题。

直线 - 职能制组织结构的缺点是：各职能部门之间的横向联系较差，容易产生脱节和矛盾；各职能部门与直线部门之间如果目标不统一，则容易产生矛盾，特别是对于需要多部门合作的事项，往往难以确定责任的归属。

直线 - 职能制组织结构的适用范围：规模中等的企业。随着规模的进一步扩大，将倾向于更多的分权。

（四）事业部制

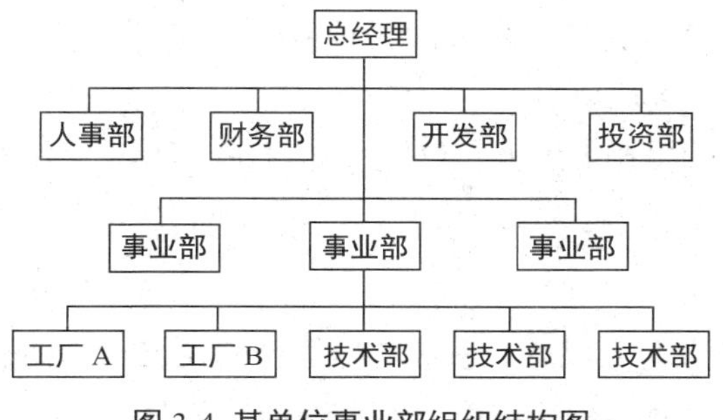

图 3-4 某单位事业部组织结构图

事业部制结构最早起源于美国的通用汽车公司。20 世纪 20 年代初，通用汽车公司合并收购了许多小公司，企业规模急剧扩大，产品种类和经营项目增多，而内部管理却很难理顺。当时担任通用汽车公司常务副总经理的阿尔弗雷德・斯隆参考杜邦化学公司的经验，以事业部制的形式于 1924 年完成了对原有组织的改组，使通用汽车公司的整顿和发展获得了很大的成功，成为实行事业部制的典型，因而事业部制又称“斯隆模型”，同时也被称为“联邦分权制”。

事业部制是一种分权制的组织形式，将企业的直线指挥权按照企业的产品、地区、市场等来划分，设立若干事业部。每个事业部都是公司的利润中心，具有利润生产、利益核算和经营管理的职能，在企业宏观领导下，拥有完全的经营自主权，实行独立经营、独立核算，同时也是产品责任单位或市场责任单位，对产品设计、生产制造及销售活动负有统一领导的职能。

事业部的总经理权力非常充分，甚至远远超过了总部职能部门总经理的权力。比如小赵是总部人事部总经理，小李是A事业部的总经理，他们谁的权力更充分呢？显然是小李，如果单位的总裁发生了变化，需要由公司内部提拔总裁，一般会从事业部总经理来选拔，因为他各方面的历练比较充分。

事业部制的优点为：

①每个事业部都拥有自己的产品和市场，能够对市场出现的新情况迅速作出反应，并灵活自主地适应市场，这种组织结构既有高度的稳定性，又有良好的适应性。

②事业部制是典型的分权结构，迫使权力下放，使高层领导摆脱日常工作的繁杂事务，同时又能使各事业部发挥经营管理的积极性和创造性，从而提高企业的整体效益。

③各事业部自成系统，独立经营，相当于一个完整的企业，所以有足够的灵活性去经受企业高层管理者面临的各种考验。有利于培养全面管理人才，为企业的未来发展储备人力资源。

④事业部作为利润中心，既便于建立衡量事业部及其经理工作效率的标准，进行严格的考核，易于评价每种产品对公司总利润的贡献大小，用以指导企业发展的战略决策。

⑤各事业部门之间可以有比较、有竞争，自主经营，责任明确，使得目标管理和自我控制能有效地进行，由此可增强企业活力，促进企业的全面发展。

事业部制的缺点是：

①由于各事业部利益的独立性，容易滋生本位主义。

②由于各事业部都有自己的领导层，因而一定程度上增加了费用开支。

③对公司总部的管理工作要求较高，否则容易失控。因而，总部要通过对某些职能的管控来控制公司，例如财务、人力、采购等。

④各事业部之间很可能产生竞争关系，对于整个公司来说，造成自己人与自己人竞争的局面，浪费资源。

事业部制适用于产业多元化、品种多样化、各产业有独立的市场、产品市场环境变化较快的大型企业。

（五）矩阵制

矩阵制结构又称为“规划-目标结构”，由纵横两套管理系统叠加在一起组成的，纵向系统是按照职能划分的指挥系统，横向系统是按产品、项目、服务等标准划分的管理系统。这种组织结构形式是固定的，但是人员却是变动的，需要谁，谁就来，项目小组和负责人是临时委任的，任务完成后，有关人员可以回到原来的部门（见图 3-5）。

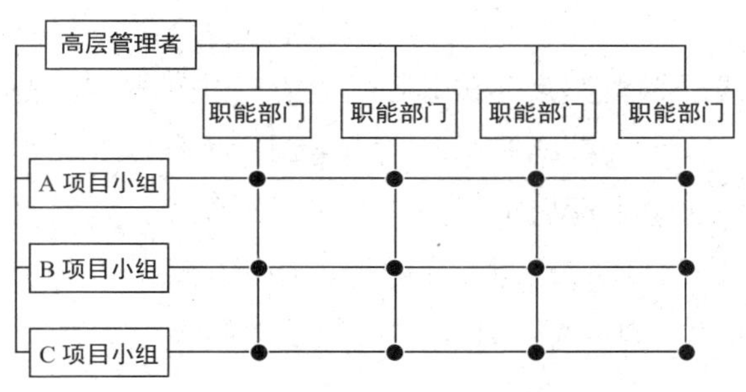

图 3-5 矩阵制组织结构示意图

矩阵制的优点：使组织结构形成了一种纵横结合的格局，加强了各职能部门之间的配合。命令链不再单一，对专业人员的使用富有弹性，有利于发挥专业人员的综合优势，一个人才可以多方面使用，节省了人力成本，有利于改善整体工作效率。

矩阵制的缺点：组织成员接受双重领导，一重是自己所在的职能部门的领导，另外一重是自己所在的产品部门的领导，当两方领导意见出现分歧的时候，下属会不知所措，只好在夹缝中求生存。因此，增加了管理的沟通成本，管理效率低下。项目参与人员往往来自不同的部门，关系仍隶属于原来的部门，因此项目负责人在对其进行管理时，没有足够的激励手段。参与人员在任务完成后会回到原来的部门，所以在这个项目的执行期内，不容易全力以赴，需要负责人有较高的协调能力。

矩阵制适用于横向协作和攻关项目，企业用来完成涉及面广、临时复杂的大型工程项目。特别适用于以开发与实验为主的单位。

矩阵制组织结构使管理变得更加复杂、微妙，关键是两条线上的管理者必须保持常规的和有建设性的沟通，尽可能在目标、重点、日程和资源等有冲突的时候，寻找并达成双赢的共识。两个管理者之间的互相信任和协作非常重要。

第三节　非正式组织

一、非正式组织的概念

（一）概念

任何一个正式组织里都会存在非正式组织，非正式组织是伴随着正式组织的运转而形成的。非正式组织的概念是由美国行为科学家埃尔顿·梅奥等人在进行了著名的霍桑实验之后提出来的。在正式组织里，成员之间的私人关系从相互接受了解、共同合作、共同攻克难题，逐步上升为友谊、伙伴，最终形成了与正式组织有联系、却又独立于正式组织的小群体。

（二）形成

霍桑实验历时 8 年，之所以称为霍桑实验，是因为这个实验是在美国的一霍桑工厂进行的。该实验包含 4 个阶段：第一个阶段是照明实验，通过实验梅奥发现照明条件对生产效率有一定的影响，但并非直接影响因素；第二个阶段是福利实验，通过实验梅奥发现福利待遇不是提高劳动生产率的唯一因素；第三个阶段是谈话实验，梅奥对在厂的两万多名职工进行了访谈，倾听他们的牢骚，给他们发表意见的机会，通过这个实验，梅奥发现人们的工作效率不仅仅取决于自身，还取决于群体其他成员；最后一个是群体实验，梅奥选择了 14 名接线板工人，用 6 个月的时间观察他们的工作，发现员工之间有一些无形的规则，比如你不能干得太多，也不能干得太少，不要对领导告密，等等。

霍桑实验结束后，梅奥提出了人际关系理论。他认为，职工是社会人，生产效率的提高主要取决于职工的工作态度和周围人的影响，同时也提出了非正式组织的存在，非正式组织是员工为了满足社会需要和维护员工的共同利益而产生和存在的。

赛尔斯认为，非正式组织是源于利益和友谊而组合形成的。

卢森斯指出，非正式组织是出于政治、友谊或共同兴趣的原因而形成的。

员工同质化是非正式组织存在和发展的基础。一般而言，相近的年龄、性格、业余爱好和文化层次会促进非正式组织的发展；同时，相似的遭遇、价值观、社会地位、长期共事，默契也会使员工迅速达成一致；另外当员工感觉自身具备的技能转移困难，或者价值不大，那么他们要求加入非正式组织的愿望就会强烈，寻找避风港；当员工感到自身利益会被侵犯的时候，希望得到其他非正式成员的认同的欲望就更强烈。

最终这些方面的同质化使得工人们在压力之下或者利益的驱动下能更快地达成一致，从而为非正式组织的紧密化提供良好的条件，自发地产生了一些无形的、能被大家所接受并遵守的行为准则，从而使原来松散、随机的群体渐渐转变为固定、统一的体系，即“非正式组织”。

（三）特点

1. 非正式领袖

非正式组织会根据个人的威望或影响力自发的形成一个领袖，让这个人代表大家发表意见。非正式组织的领袖可能没有较高的地位与权力，但他们在自己的团队里具有影响力。这个领袖会具备一些大家喜欢的人格特点，比如够义气、逻辑思维强、消息灵通、有统领能力等。

2. 无组织结构

非正式组织没有清晰的组织结构，没有上下层级关系，也没有明确的专业分工，通常大家会听从领袖的话，甚至是参考领袖的行为，工作中彼此的配合依靠大家共同的习惯、观点、感情和融洽的关系等。

3. 无规章制度

由于非正式组织是依靠组员之间共同的思想感情，彼此吸引、相互依赖，自发形成的，因此一般没有明确的章程制度、条文约束。非正式组织一旦形成，便会自发地产生各种行为规范，控制成员的行为。这种不成文的规定，有可能促进正式组织的目标达成，例如整个班级齐心协力与另外一个班级比赛竞争，不用老师指挥就会很团结；这种规定也可以抵制正式组织目标的达成，例如班级中有任何活动，非正式组织的领袖不参加，则其全员都不会参加。

二、非正式组织的优缺点

（一）非正式组织的缺点

非正式组织在管理上值得注意的问题主要有以下几个：

（1）抵制组织变革。当企业发生变革时，可能有大量的人员变动，打乱原有格局，变换工作流程，尤其有些变革的内容与员工的切身利益相关，某些变革方向会影响一部分员工的利益。利益一致性的驱动和立场的相似使这种松散的非正式组织迅速紧密化，使其变成一种强大的力量，刺激人们产生抵制革新的心理，成为发展组织变革的壁垒。同样，当组织面临巨大的危机、前途渺茫、员工离职严重时，成员会对企业的未来缺乏信心，非正式组织会集体离职。如果此时管理者不能迅速采取相应措施，那么在变革的进展中，必将会产生危机，甚至让企业为此付出惨痛的代价。

（2）人事变动方面。组织内的人员总要面临着升迁、调职或是被解雇。当非正式组织内的人员，尤其是非正式组织核心成员由于某些原因升迁不利，可能就会影响非正式组织内其他成员的士气和进取心。当其被调职或是被解雇时，会使得非正式组织内的其他成员产生情绪波动，敌视领导，丧失工作热情，甚至产生辞职的念头。另外，若是一个非正式组织不能接受他们的新成员，可能会在各个方面排挤他、孤立他，甚至暗中搞破坏，使得工作无法正常开展。

（3）绩效评估方面。在组织的绩效评估中，常常会用到人员互评或是360度评估方法。在这样的评估中，员工都倾向于认为，如果是自己圈里的人，即使工作绩效不高也应该获得较高的评价；如果是圈外人，即便是工作非常认真并取得了较高的绩效，那么最终打分也有可能较低。于是，当某个非正式组织大部分成员的绩效评估结果都处在比较低的位置，那么他们就会集体认为没有被公正地对待，尤其是当绩效评估结果和工资挂钩时，这种情况就很有可能成为非正式组织“紧密化”甚至“危险化”的一个导火索。

（4）非正式组织之间的矛盾。在一个组织内，往往不只存在一个非正式组织，那么如果多个非正式组织之间存在着不可调和的矛盾，那么这些非正式组织间的对立、敌视，将会大大降低组织成员与成员之间、部门与部门之间的协作性，甚至会有恶意竞争和相互拆台行为。这样的结果不但会恶化组织内部的工作氛围，而且可能会严重地瓦解组织的凝聚力，破坏组织的整体效能。同时，这些分别对立的非正式组织会因为出现了竞争对手而变得更加紧密、团结且具有攻击性。

（5）非正式领袖的消极作用。非正式组织的领袖一般具有很强的感召力，没有强制性，但成员对其在心理上和行为上更易于服从。研究表明，在正式组织进行信息传递时，组织成员往往只从中获得相关的信息内容，至于其态度和行为，则受非正式领袖的影响更大。因此，如果非正式组织的领袖想借助自己在团队成员心目中的分量，谋求私利、传播谣言、蛊惑人心，对群众施以压力从中操纵，控制员工对抗组织，那么这个非正式组织就有可能变得很“危险”。

（6）其他方面。滋生谣言，谣言在非正式组织中极易产生，以讹传讹，信以为真。非正式组织要求成员一致性的压力，往往会束缚成员的个人发展。工作人员在其工作上特别尽力，必受到非正式组织的默许，否则，不敢过分努力。

（二）非正式组织的优点

非正式组织虽然有些不良的作用，但管理者加以适当的运用，努力克服和消除它的不利影响，是有利于正式组织目标有效实现的。

（1）弥补不足。任何一个正式组织无论其政策与规章如何严密，总不可避免地出现漏洞，非正式组织可与正式组织相辅相成，弥补正式组织的不足。

（2）协助管理。正式组织通过建立和宣传正确的组织文化，拉进非正式组织的领袖，获得非正式组织的支持，则可提高工作效率，促进任务的完成。

（3）加强沟通。非正式组织可使员工在受到挫折或遭遇困难时，有一个自我发泄的渠道，并从中获得安慰和满足。人们在非正式组织中的频繁接触会使相互之间的关系更加和谐、融洽，从而易于产生和加强合作的精神。

（4）纠正管理。非正式组织可促使管理者考虑多方的利益，权衡利弊，对某些问题作出合理的处置。

三、非正式组织的分类

我们从安全性和紧密度两方面来考察非正式组织的划分。

这里所谓的“安全性”是与破坏性相对立的，凡是积极的、正面的、有益的活动都是“安全”的，比如满足成员归属感、安全感的需要，增强组织的凝聚力，有益于组织成员的沟通，有助于组织目标的实现等；凡是消极的、反面的、有害的都是“危险”的，比如抵制变革，滋生谣言，操纵群众，阻碍努力，造成高素质、高绩效员工流失等。

所谓“紧密度”是与松散性相对立的，凡是有固定成员、有活动计划、有固定领导而小道消息又特别多的，都是紧密度高的；相反则是紧密度低的。

在具体评价中，我们可以以安全性和紧密度这两项指标为横向和纵向坐标，做出有4个区间的分类图，见图3-6。

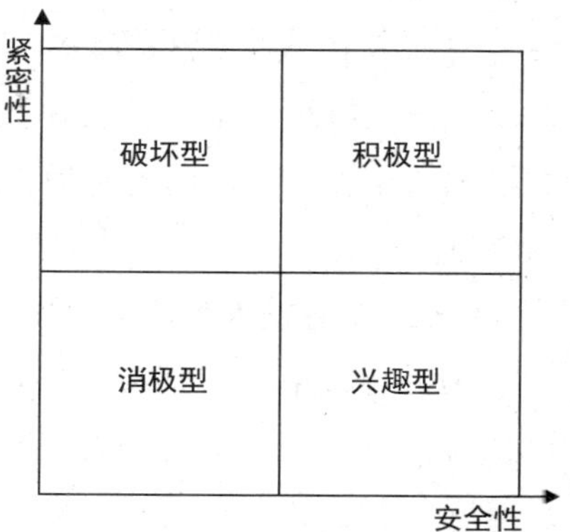

图3-6 非正式组织四分图

横轴表示安全性，纵轴表示紧密性。每

项指标分为两段表示其程度，从左下角的原点向右和向上递增，可以把非正式组织分为4种类型。

①消极型：既不安全，也不紧密。这种非正式组织内部没有全员认可的领袖，分为好几个分散的小团体，每一个团体都有一个自己的领袖，同时某些领袖并不认同组织，存在个人利益高于组织利益的思想。

②兴趣型：很安全，但不紧密。由于具有共同的兴趣、爱好而自发形成的团体，成员之间自娱自乐，但不是很团结，不涉及太多利益方面的问题。

③破坏型：很紧密，但不安全。这种非正式组织相当团结，成员想法一致，形成一股与正式组织抗衡的力量，为谋求小团体的利益而不惜损害组织利益。同时，团体内部成员不接受正式组织的领导，只听从团体内领袖的命令。

④积极型：既安全，又很紧密。一般出现在组织文化良好的组织中，员工和组织的命运紧密地联系在一起。比如日本本田公司的QC小组，完全是自发成立，员工下班后聚到一起，一边喝咖啡，一边针对今天生产车间出现的生产问题和产品瑕疵畅所欲言，最后通过讨论找出解决问题的方法。

作为组织的管理者，需要对组织内存在的诸多非正式组织有一个清晰的界定，如：它是属于哪一种类型？有没有破坏性？它们的领袖是否具备良好的道德素养和职业素质？他们对组织什么态度？支持还是反对？这些非正式组织中的核心成员有没有正式组织的高层领导，他们是否可以准确地强化自身正式组织的角色？对于企业来讲，虽然一般的非正式组织中很少存在破坏型的，但是如果出现了内部或外部诱因，那么其他几个类型的非正式组织都有可能迅速地转化为破坏型非正式组织。认真了解以上这些情况就可以更好地监控非正式组织。

四、非正式组织的管理

非正式组织是不以人们意志为转移而客观存在的，管理者应充分利用非正式组织的积极作用，同时有效控制非正式组织的消极作用，以达到培养集体意识的目的。

（一）从尊重人的角度出发，承认非正式组织的存在

在企业改革与管理实践中，要牢固树立“以人为本”的观念，从尊重人、重视人、引导人、发展人的角度出发，正确认识和妥善处理企业中的非正式组织问题，利用其积极因素，克服其消极因素的影响，以增强企业活力、促进企业的发展。

尊重人是人本管理的本质特征。企业管理者应认识到，员工的需求是多方面的，而企业正式组织是不可能完全满足员工的一切需求的。因此，从尊重人的角度出发，企业的管理者要尊重员工加入非正式组织的需要，接纳非正式组织存在的客观事实，任何不承认或轻视非正式组织存在的态度和行为都是不正确的。

（二）从重视人的角度出发，让非正式组织正式化

既然是管理，就要以正式组织原则对待非正式组织，把非正式组织的不稳定、变化多端转变成稳定的、固定的形式。特点是以潜规则为行为规则，不仅赋于无形，而且如果非正式组织能被管起来，就是正式化了。

在一个企业中，人是最基本的因素，也是起决定作用的因素。管理者应从重视人的角度出发，充分发挥人的主观能动性，把所有管理工作的落脚点放在如何调动员工的积极性上，用其所长为企业发展献计献策。在组织内部，员工自发形成的非正式组织对组织而言是一把双刃剑。组织管理者应善于研究非正式组织的成因、特点等因素，融合企业特有的组织文化，妥善运用权变领导策略，充分发挥非正式组织的积极作用，使非正式组织成为实现组织目标的推动力之一。

（三）从引导人的角度出发，合理地利用非正式组织

组织管理者不能按一成不变的模式来管理非正式组织，而应该根据不同类型的非正式组织的特点和作用区别对待，进行灵活的控制。管理者要知己知彼，利用非正式组织的领袖人物，授予其相应的权力，从而实现对非正式组织的正确引导，使非正式组织的目标与组织的目标一致。

通过员工的自我管理、自我发展、自我完善，实现员工的自我价值。组织应当从发展的角度出发，建立有助于员工实现自身价值的组织价值观体系，通过创造良好的环境使员工从情感需求、个性需求以及社会交往等方面的不完全性中解放出来，促进员工自我价值的实现。利用员工自我价值的实现，来完成组织整体的目标。

（四）从发展人的角度出发，区别对待不同的非正式组织

由于非正式组织对企业的影响是不同的，我们要针对不同的非正式组织采取不同的方式：对于积极型的非正式组织，我们要支持和保护；对于消极型的非正式组织，应当积极引导，不能简单粗暴地斥责，而要态度谨慎；对于破坏型的非正式组织要采取果断的措施，予以取缔或适当处理。

第四节 组织职能的应用

我们都知道生命周期的说法，如图 3-7 所示，这是一个万能的生命周期图，在描述产品的生命周期时可以使用，在描述一个企业的生命周期时亦可使用。横轴是时间，是一个产品或企业存续的时长；纵轴表示产品产量、市场占有量、市场增长量等，都是用来描述产品或企业发展情况的。

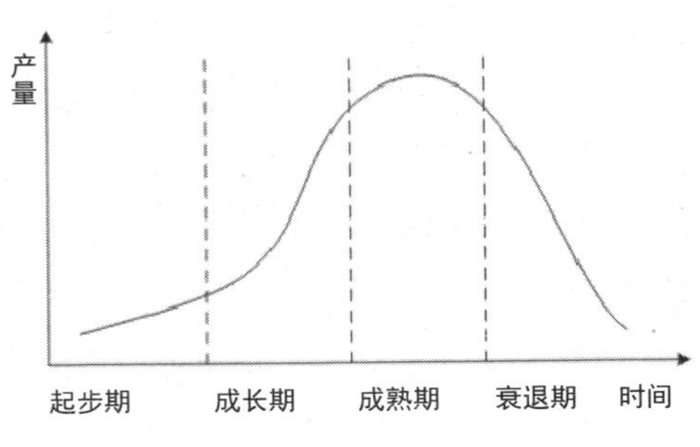

图 3-7 产品（企业）生命周期图

组织生命周期是衡量组织发展和变革的途径。如图 3-7 所示，组织从创立、发展到变老，直至死亡的过程，包括四个主要阶段：初创期——刚刚起步，成长期——企业飞速发展，成熟期（规范期）——企业稳中增长，衰退期——逐渐下滑并退出市场。那么在组织职能这一部分，我们也从企业的生命周期角度谈谈，组织职能及组织的结构在企业发展的不同时期该有什么样的不同。

一、组织生命周期

在组织发展的不同阶段，组织结构、领导方式以及管理系统遵循一个可预测的不断变化的模式，如果不能成功地克服在某一阶段遇到的问题，组织的发展会停滞甚至可能死亡。

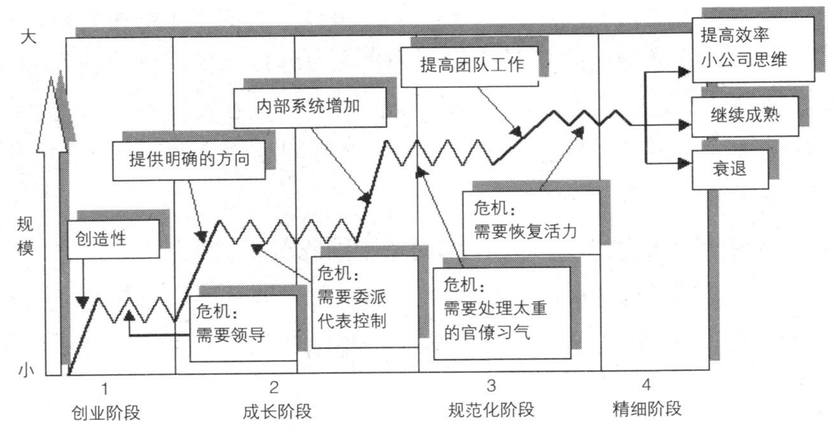

3-8 组织生命周期不同阶段分析图

创业阶段，由于组织规模比较小，人员比较少，管理者的精力绝大部分放在如何开拓市场、如何生存下来。为了得到市场的认可，组织必须在技术上有所创新，因此组织结构要支持企业创新的需要。组织此时没有复杂的规模形态，一般是职能制结构或直线制结构。在此阶段，组织中的核心部门是技术部门及市场部门，组织的权利以集权为主，权力基本都掌握在组织手中。

成长阶段，组织飞速扩张，此时组织已经成为一个大家庭，有了一定的规模，人员迅速增加，管理者的精力向优化资源配置转化，实现量变到质变的过程。管理者需要将权力逐渐下放，也就是集权向分权转化，组织结构的形态也由简单的直线职能制转变为事业部制。在这个过程中，尤其要注意责、权、利的关系，以充分调动中间层管理者的积极性。

成熟阶段，也就是规范化阶段，组织进入了一个稳定发展的阶段，进入正规化有序运转。这个阶段有两个重大危机：官僚作风和缺乏活力。在这个阶段，组织更加注重集权与分权的均衡，增加灵活性，例如可以在大企业内部实行小企业化的管理或者采用立体多维制的组织结构。在组织结构创新上，各方面的创新行为相互渗透、相互影响，组织在文化、人员观念、组织结构、管理制度、职权划分和业务流程等方面交织在一起。

二、不同时期组织结构的变化

（一）工业生产时代

从第二次工业革命之后，直到20世纪90年代末期都是工业生产时代。在这一时期，企业以产品和技术为核心竞争力，设立竞争壁垒。组织通常以大规模、标准化为特征，通过提升效率达到规模经济。正是我们说的“大鱼吃小鱼”的阶段。组织管理以泰勒的科学管理为基础，主张以标准化的管理取代经验管理。科学管理的特点是可量化、可衡量、可复制，在工作中追求标准化，尽可能地剔除“人”的主观性和非标准化工作。

这里我们需要补充介绍一个厉害的人物以及他的理论，这个人就是科学管理之父弗雷德里克·温斯洛·泰勒。泰勒是美国的一位工程师，在工作过程中发现工人有磨洋工现象，便研究了科学管理方法，其内容包括：①工时研究与标准化；②差别计件工资制；③计划职能与执行职能相分离；④科学挑选“第一流工人”；⑤实行例外原则；⑥共同做“大蛋糕”思想。这6部分内容可以说非常经典，没有给工人留下一点磨洋工的机会。对于工人来说，虽然增加了工作效率，却更加疲惫了，他们认为泰勒是在帮助工厂主压榨自己。管理大师彼得•德鲁克极力地称赞泰勒，认为泰勒增加生产的真正潜力在于科学地培训工人，使工人“更聪明地”工作。这不仅极大地提高了产量，而且使增加生产的要求成为可能。同时也指出了它的弱点：“科学管理尽管取得了世界性的成功，但仍然没有成功地解决管理工人和工作的问题。”列宁认为科学管理要从两面去看，一方面是资产阶级剥削的最巧妙的残酷手段；另一方面是一系列最丰富的科学成就，即按科学来分析人在劳动中的机械动作，省去多余的笨拙动作，指定最精确的工作方法，实行最完善的计算和监督制。可见泰勒是一个有争议的人物，抛开阶级问题不说，他的理论的确科学性很强。

回过头来继续说工业生产时代，当时的组织结构大多是“直线 - 职能制”，工作流强调自上而下。为了增加效率，员工通常重复标准化的动作以提高熟练程度。这一时期的企业，通常倾向于在生产和营销领域投入较多的资源，如丰田倡导的 JIT（准时制造）、通用电器倡导的六西格玛质量管理都是这一时期比较典型的管理方法和工具。这些管理工具，其核心思想也是控制和执行。

（二）信息化时代

随着家庭电脑的普及及互联网的广泛应用信息化时代到来，这一阶段大约是在 2000—2015 年。过去依赖技术生产、规模经济的企业面临新经济业态的巨大挑战，许多企业正在利用信息网络创造价值，公司市值远远领先传统产业。例如我们众所周知的微软、谷歌、亚马逊等。互联网的快速迭代，使公司很难依靠几项技术或者规模经济长期保持竞争优势。因此企业组织能力自然要作出相应的调整。

这一时期的企业，其组织能力从高效执行开始向敏捷过渡。企业通过信息化能够更广泛地触达消费者，能够为消费者提供更加个性化的产品和服务，甚至是综合的解决方案。企业提供个性化、综合化的产品和服务，对员工的个人能力提出了更多元的要求，过去的“熟练工”开始让位于“T 型人才”。过去直线式以控制为目标的组织形式，不再适应新的发展需要。企业组织需要以更灵活的方式运作，扁平化、矩阵式的组织结构开始逐渐被企业所采用，组织从中心化向区域中心化转变。这一时期，企业对流程的管理出现了一个明显的变化，即流程管理不再以效率为目标，而是更加关注如何更好地实现业务之间的协同。如矩阵式组织中，职能部门就可以和不同的业务部门发生协作，而不像流水线那样强调前后顺序。

（三）智能化时代

2015年前后，移动互联网开始进入消费领域并快速普及，带来了数据量和数据维度的极大丰富。同时智能手机铺天盖地，具有了更多与用户触达的场景。这使得组织可以进行大规模精细化的数据匹配，最大程度避免数据使用中的浪费。这一时期的技术呈现出移动化和智能化的特点。面对用户更加个性化、多变的需求，以及高速变化的外部宏观环境，智能时代需要组织更快速地进行战略、产品和组织的迭代，因此组织的柔性和弹性在这一时期尤其重要。随着数字技术的不断升级，组织的流程可以实现更为精细化的拆分，呈现模块化的趋势，组织的功能像乐高积木一样即插即用。

数字技术大大扩展了员工与用户的接触渠道，网络效应以指数形式放大少数关键员工的价值。因此，这个阶段的组织强调对员工赋能，组织决策的权力和责任向业务一线倾斜。组织敏捷化程度提高，前、中、后台的业务模式受到组织的青睐，组织既能依靠灵活的前台实现快速的产品和服务迭代，又可以通过业务中台发挥数字化的集聚作用，实现范围经济；后台则服务整个公司的运营，以规模经济降低运营成本。

三、新时代新型组织

（一）虚拟组织

虚拟组织是区别于传统组织的一种以信息技术为支撑的人机一体化组织。组织成员通过高度自律和高度的价值取向共同实现团队目标。虚拟组织决策集中化的程度很高，但部门化程度很低，以现代通信技术、信息存储技术、机器智能产品为依托，没有固定的地理空间，也没有时间限制，没有管理幅度、管理层次，却可以发挥主要商业职能。一般是两个或两个以上的独立实体，为迅速向市场提供产品和服务，在一定时间内结成的动态联盟。

（二）无边界组织

无边界组织是通用电气的前董事长韦尔奇首创的一个概念，是一种有机组织。对控制跨度不加限制，没有明确的边界，或者边界没有被预先设定的结构限定，没有职能部门、没有组织层次，取而代之的是一个核心决策层和有授权的团队。外围的都是基于客户的一些工作团队，这些团队可能今天出现，但是明天就“死掉”了，而后天又出现了其他的团队，层出不穷。整个组织很难用传统的结构图画出来，最终都通过平台建立联系。

无边界组织不是靠传统的命令与部门配合，而是靠共同的目标和价值观支撑组织完成使命，无边界组织采用“无为而治”手段，增强了组织的适应性和应变力，灵活性和可变性。

（三）虚拟组织与无边界组织的关系

虚拟组织可以说是一种典型的无边界组织。但是无边界组织不仅限于虚拟组织。无边界组织强调组织内部没有明确的边界，让组织层次更加扁平化；而虚拟组织虽然表面看起来也是无明显界限的，但是它更强调的是组织间的动态联盟。

四、现代组织中存在的问题及对策

（一）企业组织结构中存在的问题

1. 领导心忙，下属身忙

许多领导每天都在忙于开会和协调，不停地向下属发布指示，但问题却越来越多；而下属每天只是完成领导的任务，无须动脑思考，失去了激情。领导疲惫不堪，下属也任务重重，忙得团团转，但企业效率依旧低下。当企业的日常正常运转都依赖领导的生拉硬拽时，我们就要重新思考，企业此时是不是遇到了一个大问题——组织结构已经不适用于组织的发展。

2. 职能不清，授权不足

当今有些企业会出现这样的问题：

一是企业发展产生了许多新的任务，没有找到合适的归属部门，草率安置在一个不合适的部门。另外，原有的部门职责与组织的发展不匹配，企业发展越快，这项职责的执行越显得格格不入。

二是授权与部门责权不匹配，责任重大，权力不够，致使下属总需要不停地请示。造成这种情况的原因，一方面是领导集权作风强烈，不愿意释放手中的权力；另外可能是组织设立时，某个职责被轻视了，没有赋予其更大的权力。

3. 运行漏洞，缺少协调

许多部门缺乏横向沟通，容易产生本位主义，关起门做自己的事，增大了部门间的壁垒。很多领导在集权还是分权问题上很困惑：放权容易出现运行漏洞，集权影响下属发挥，效率低。即一管就死，一放就乱。

（二）解决对策

解决对策其实很明确，即牢记组织结构设计的原则，注意组织结构设计的要素，遵循组织结构设计的流程。这些在前文中我们都已经论述过，这里便不再一一赘述了。

上下同欲者胜

有效领导篇

领导理论中，我们经常提到领导行为理论和领导权变理论，那么这两类理论有何区别呢？

领导行为理论集中研究领导的工作作风和行为对员工的影响，从对人的关心和对生产的关心两个维度，对领导者的行为进行分类。行为理论欠缺对情境的思考，因此在对领导行为进行分析时，成绩有限。

领导权变理论是在考虑领导者的行为的同时，考虑到了情境因素、被领导者的素质因素等，弥补了行为理论的不足。但是由于权变理论思考的因素较多，并且在分析人的问题上有一些复杂及困难，不好抽取样本，因此它的应用性受到了限制。

接下来，我们就对领导的行为理论及权变理论展开论述。

第一节　领导行为理论

领导行为理论部分，我们共选择三个基本理论来阐述：勒温理论、四分图理论和管理方格理论。

一、勒温理论

（一）库尔特·勒温（Kurt Lewin）

库尔特·勒温（1890—1947），德裔美国心理学家，拓扑心理学的创始人，实验社会心理学的先驱，格式塔心理学的后期代表人，传播学的奠基人之一。他是现代社会心理学、组织心理学和应用心理学的创始人，常被称为“社会心理学之父”，最早研究群体动力学和组织发展。勒温对现代心理学，特别是社会心理学，在理论与实践上都有巨大的贡献。

（二）勒温理论的内容

勒温理论以领导者的权力行使为基本变量，将领导方式分为3种类型：

1. 独裁型领导（权威型领导）

独裁型领导的行为方式是独断型的，也就是一个人决定一切，所有的政策、工作计划、执行步骤、物资分配、部门协调等统统由领导者自己决定。对下属的要求是必须绝对执行，不允许有反对意见。不关心下属的想法及情绪，类似于军事化管理模式，服从是第一位的。

这种领导方式的优点是做事干脆利落、果断，决策效率高，执行方向一致。但是缺点也非常明显：一旦领导者受到自己知识及经验的限制时，会带领整个团队偏离正确的方向；下属人员自主意识差，工作没有热情，只会被动地接受指令，而不善于主动动脑思考。

2. 民主型领导（民主参与型）

民主型领导提倡民主参与，需要决策时大家共同协商、各抒己见、集思广益，遇到问题大家一起解决。各部门协调性强，整个组织是上下融洽、一团和气的氛围。另外，这种领导对待员工态度温和，能够接受不同的意见，听取反对意见。

这种领导方式的优点显而易见：员工热情高涨、思路灵活，敢于表达自己的观点，团队合作意识强；通过讨论，成员对工作全貌有所认识。但是在作决策时，往往效率较低，需要很长时间来作最后的决定。

3. 放任型领导（自由放任型）

放任型领导的方式就是撒手不管，无论是作决策还是执行过程，一概放权不管，下属愿意怎样做就怎样做，完全自由。对于下属工作的过程，尽量不参与，也不主动干涉，只偶尔发表意见。他的职责仅仅是为下属提供信息并与企业外部进行联系，以利于下属的工作。

这种领导方式的优点是：下属有相当大的独立空间，锻炼了下属的自主性，能够迅速增强下属的工作能力和自信心。缺点是：如果下属是新人，不知道如何开展工作，也没有领导来帮忙指导，无法完成工作；如果下属工作不努力、不严谨、走错了方向，那么整个团队的绩效会非常差；如果员工懒惰，最后整个团队会变成一盘散沙，无人工作，效率极低。

勒温理论重视领导者的行为对组织氛围和工作绩效的影响，区分领导者的不同风格和特性，这对实际管理工作和有关研究非常有意义，许多后续的理论都是从勒温的理论发展而来的。但是勒温的理论也存在一定的局限性，这一理论仅仅注重了领导者本身的风格，没有充分考虑到领导者实际所处的情境因素。在实际工作中，领导者的行为是否有效不仅仅取决于其自身的领导风格，还受到被领导者和周边的环境等因素的影响。

（三）勒温理论的延展及应用

事实上，在组织的经营管理当中，很少有哪个领导会是纯粹的独裁型、民主型或放任型，大部分的领导是两种或者三种类型的混合体。在不同的工作任务面前，面对不同的下属，领导者展现出来的风格也是不同的。针对有积极性、头脑清晰、工作有目标、有方法、自律性强的员工，领导大可不必每日严格地叮嘱，采用放任型的效果会很好。而针对惰性很强的员工，我们则又要区别对待，如果该员工是个好苗子，有培养的价值，领导可以尝试着用民主的方法调动其积极性，再手把手地引领；如果觉得这个员工没有太多的发展空间，会浪费大家的时间和精力，又不能开除的情况下，领导者可以采用独裁的形式，给他一个目标，直接命令他如何做，这样既节省了指导的时间，又加快了完成任务的步伐。

二、四分图理论

领导行为四分图理论，是由美国俄亥俄州立大学的领导行为研究者弗莱西曼和他的同事们在 1945 年提出来的，以国际收割机公司的一家卡车生产厂为调查对象，他们列出了 1000 多种刻画领导行为的因素，通过高度概括归纳为两个方面：关心组织和关心员工。

关心组织，是指领导者注重工作的组织、计划、效率等，规定员工的职责，建立明确的组织模式、信息交流渠道和工作程序等。具体工作内容包括：领导者制定好工作进度，配备完整的人力和物力，要求下属按制度高效率地工作，尽快得出结果。

关心员工，是指领导者注重与下属的友谊，互相信任，关注下属的情绪变化，尊重下属的意见，关心他们的利益和需求。具体工作内容包括：找机会听取下属的意见，给下属较多的工作主动权，体贴下属，注意满足下属的需求，平易近人，平等待人，关心下属，作风民主。

研究者们认为，一个领导者的行为在每一种维度中可以出现很大的变化，可以是关心员工与关心组织这两个方面的任意组合。通过对两种维度的问卷调查测度，我们用横轴表示关心组织的程度，纵轴表示关心人（员工）的程度，即可以用二维坐标表示领导者在每种维度中的位置（见图 4-1）。

根据这样的描述，领导者行为可以分为 4 种基本类型，即低组织 - 低关怀，高组织 - 低关怀，高组织 - 高关怀，低组织 - 高关怀。该研究发现，在两个维度方面皆高的领导者，一般更能使下属达到高绩效和高满意度。不过双高型风格并不总是产生积极效果，而其他3种维度组合类型的领导者行为普遍与较多的缺勤、事故、抱怨以及离职有关系。其他发现还有，领导者的直接上级给领导者的绩效评估等级，与高关怀性呈负相关。由于四分图理论缺少对领导的环境因素的分析，故很难得出让人们共同接受的结论。

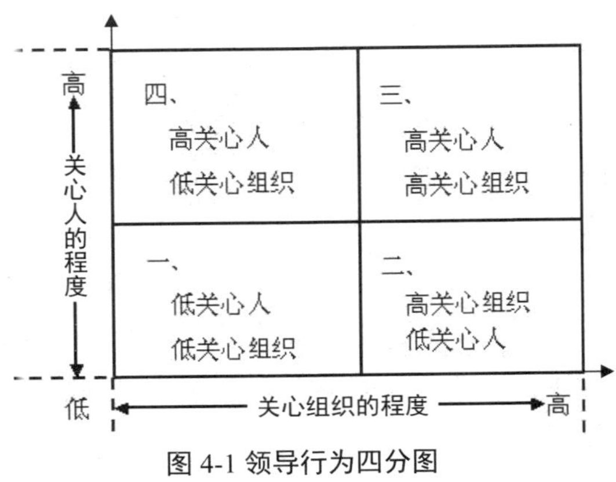

图 4-1 领导行为四分图

三、管理方格理论

美国管理学家罗伯特·布莱克（Robert R. Blake）和简·莫顿（Jane Mouton）于1964年出版《管理方格》一书，他们在四分图的基础上，设计了一个巧妙的管理方格图，更加细致、醒目地表示领导者对生产（组织）的关心程度和对人（员工）的关心程度。

该方格理论横向与纵向分别表示对生产和对人的关心程度。对生产的关心与四分图中对组织的关心接近，表示为领导者对各种事物所持的态度。例如对研究的创造性、职能人员的服务质量、工作效率及产量等所持的态度。对人的关心与四分图中关心员工接近，包含了诸如个人对实现目标所承担的责任，维护职工的自尊，建立以信任而非顺从为基础的职责，提供良好的工作环境，以及令人满意的人际关系等。

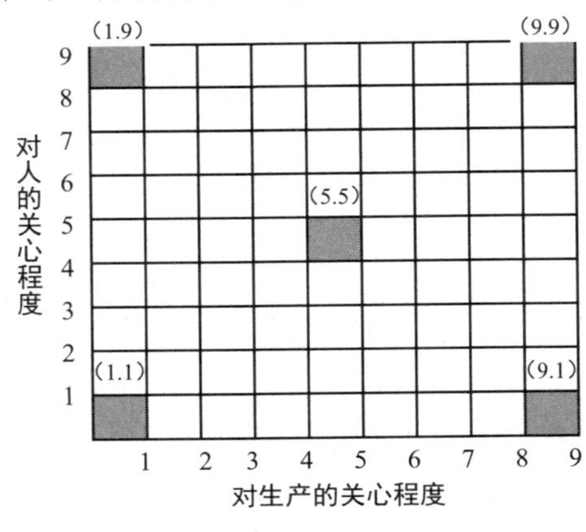

图 4-2 管理方格图

研究者将管理方格理论中的横轴及纵轴分别平均分成9份，共有81（9×9）个方格，从中选出了5个有代表性的领导方式，分别为：

（1）1.1贫乏型管理，既不费心工作成果，也不劳神关心员工。这种领导者只做能够维持自己职务的最低限度的工作，也就是只要不出差错，多一事不如少一事，因而被称为“贫乏型管理者”。

（2）9.1 任务第一型管理，表示对工作极为关心，但忽略对人的关心，也就是不关心工作人员的需求，并尽可能使后者不致干扰工作的进行。通过建立严格的工作制度，把人为因素对工作的干扰降到最低限度，从而提高工作效率。这种领导者拥有很大的权力，强调有效地控制下属，努力完成各项工作。因而被称为“独裁的、重任务型管理者”。

（3）9.9 团队型管理，对人和生产都很关心，能使组织目标和个人的需求最有效地结合起来。高度重视组织的各项工作，能通过沟通和激励，使群体合作。让下属人员共同参与管理，使工作成为员工自觉自愿的行动。这种领导将员工很好的团结到一起，公司上下士气高涨，从而获得高的工作效率，因而又被称为“战斗集体型管理”。

（4）1.9 俱乐部型管理，对人极为关心，也就是关心工作人员的需求是否获得满足，重视搞好关系，强调同事和下级对自己的感情；但忽略工作的效果。这种领导被称为“乡村俱乐部型的管理”。这种类型的管理者多见于一些工作成果和工作目标难以准确衡量的组织。

（5）5.5 中庸型管理，既保持对工作关心，也对人关心，兼而顾之，程度适中，强调适可而止。这种领导既对工作的质量和数量有一定要求，又强调通过引导和激励去使下属完成任务。但是这种领导往往缺乏进取心，乐意维持现状，属于四平八稳的管理者，因而被称为“中庸之道型管理者”。

布雷克和莫顿认为 9.9 团队型领导方式是最有效的，领导者应该客观地分析组织内外的各种情况，努力创造条件，将自己的领导方式趋于 9.9 类型，以求得最高的效率。这里我们应该指出，上述 5 种典型领导方式仅仅是理论上的描述，都是一种极端的情况。在实际生活中，很难会出现纯粹的典型领导方式。

第二节　领导权变理论

领导权变理论，考虑到了情境因素、被领导者素质因素等，对于领导风格划分得更细致，且更有说服力。该理论认为，在不同的情境中，不同的领导行为有不同的效果，所以又被称为领导情境理论。权变理论认为，领导的有效性不是取决于领导者不变的品质和行为，而是取决于领导者、被领导者和情境三者的配合关系。不存在适用于任何情境的原则和方法，关键是采取应变策略。组织是社会大系统中的一个开放型的子系统，是受环境影响的，我们必须根据组织的处境和作用采取相应的措施，才能保持对环境的最佳适应。下面选择了3种权变理论进行论述，分别是费德勒模型理论、领导生命周期理论和路径—目标理论。

一、费德勒模型理论

（一）弗雷德·费德勒（Fred E. Fiedler）

弗雷德·费德勒，美国当代著名心理学和管理专家。于芝加哥大学获得博士学位，美国西雅图华盛顿大学心理学与管理学教授。他于1951年起从管理心理学和实证环境分析两方面研究领导学，提出了“权变领导理论”，开创了西方领导学理论的一个新阶段，使以往盛行的领导形态学理论研究转向了领导动态学研究的新轨道，对管理思想的发展产生了重要影响。他的主要著作和论文包括《一种领导效能理论》（1967），《让工作适应管理者》（1965），《权变模型——领导效用的新方向》（1974），以及《领导游戏：人与环境的匹配》等。根据费德勒的权变领导理论，无论处在何种情景，个人的领导风格是确定不变的，即要么是关系导向型，要么是任务导向型。

（二）费德勒模型的内容及内涵

费德勒经过长达15年的调查试验，于1962年提出了“有效领导的权变模式”，即费德勒模型。他认为任何领导形态都不可能十全十美，也不会一无是处，其有效性完全取决于是否与所处的环境相适应。

费德勒把影响领导者领导风格的环境因素归纳为3个方面：职位权力、任务结构和上下级关系。

1. 职位权力（Position power）

职位权力指的是与领导职位相关联的正式职权以及从组织各个方面所得到的支持程度，也就是上一章讲的法定-理性的权力，由领导者对下属所拥有的实际权力所决定。实际权力包括奖惩权、晋升权、开除权等。领导者拥有这种明确的职位权力，组织成员将会更顺从他的领导，遵从他的指导，有利于提高工作效率。一般认为，所处的职位越高，拥有的职位权力越大。

2. 任务结构（Task structure）

任务结构是指下属担任工作任务的明确程度以及有关人员对工作任务的职责明确程度，是枯燥乏味的例行公事，还是需要一定创造性的任务。

当工作任务本身十分明确，组织成员对工作任务的职责明确时，领导者对工作过程易于控制，整个组织完成工作任务的方向就更加明确。

3. 上下级关系（Leader-member relations）

上下级关系是指下属对一位领导者的信任、爱戴、忠诚、拥护、愿意追随的程度，以及领导者对下属的关心、爱护、吸引力的程度。这点一方面决定了下属是否乐意追随上级一起工作，另一方面对领导者履行领导职能是很重要的，因为职位权力和任务结构可以由组织控制，而上下级关系是组织无法控制的。

费德勒设计了一种最不喜欢同事（LPC）调查问卷，问卷由 16 组形容词构成。作答者要先回想一下自己共过事的所有同事，并找出一个最不喜欢的同事，在 16 组形容词中按 1 ～ 8 个等级对他进行评估。如果以相对积极的词汇描述最不喜欢的同事，则回答者属于乐意与同事形成良好的人际关系类型，就是关系导向型。相反，如果对最不喜欢同事用词很消极，则说明回答者可能更关注生产，就称其为任务导向型。费德勒运用 LPC 问卷将绝大多数回答者划分为两种领导风格，也有一小部分处于两者之间，很难勾勒。

在上述 3 个情境因素中，领导者与成员关系越好，任务结构化程度越高，岗位权力越强，则领导者拥有的控制力也越高。根据 3 个情境因素，每种因素对领导者来说都有不利和有利两种情况。费德勒将 3 个环境变数任意组合成 8 种情况，对 1200 个团体进行观察，收集了相关数据，将领导风格同对领导有利或不利条件的 8 种情况关联起来，得出在各种不同情况下，领导所应当采取的有效领导方式。费德勒模型（见图 4-3）表明，在对领导者最有利和最不利的情境下（编号 1、2、3、7、8），任务导向型的领导风格效果比较好；在对领导者中等有利的情境下（编号 4、5、6），采用关系导向效果比较好。

随和、关心职工的领导作风	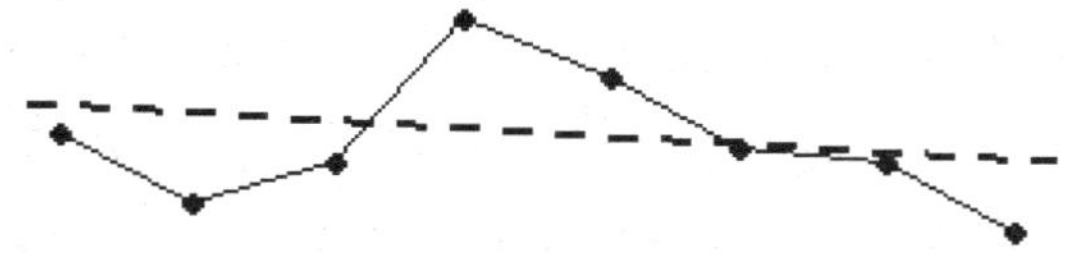							
控制、主动、讲究组织规章的领导作风								
领导者与职工关系	好	好	好	好	好	好	好	好
任务结构明确否	明确				明确		不明确	
领导者的岗位权力	强	弱	强	弱	强	弱	强	弱
有效领导方式	任务型	任务型	任务型	关心人型	关心人型	无资料	未发现	任务型
编号	1	2	3	4	5	6	7	8
对情势的控制力	高度			中度			低度	

图 4-3 费德勒模型图

二、领导生命周期理论

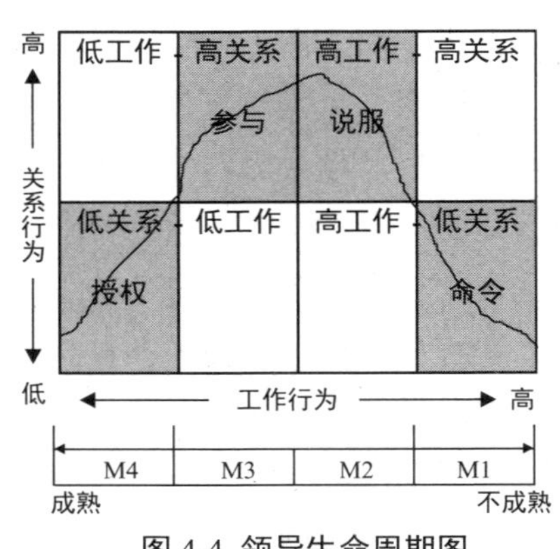

图 4-4 领导生命周期图

领导的生命周期理论使用的两个领导维度与费德勒理论的划分相同：工作行为和关系行为。但是，赫塞和布兰查德更向前迈进了一步，他们认为每一维度有低有高，从而组成命令式、指导 / 说服式、参与式、授权式 4 种具体的领导风格，它们分别对应着 4 种不同的下属成熟度（又叫“下属准备度”或“下属状态”），如果领导者选择了与员工状态匹配的恰当的领导风格，就会取得良好的领导效果。

如图 4-4 所示，4 种领导风格的典型行为特点如下：

（1）命令型（Telling）领导方式（高工作 - 低关系）：在这种领导方式下，由领导者进行角色分类，并告知人们做什么、如何做、何时以及在何地去完成不同的任务。它强调指导性行为，通常采用单向沟通方式。

（2）指导 / 说服型（Selling）领导方式（高工作 - 高关系）：在这种领导方式下，领导者既提供指导型行为，又提供支持型行为。领导者除向下属布置任务外，还与下属共同商讨工作的进程，比较重视双向沟通。

（3）参与型（Participating）领导方式（低工作 - 高关系）：在这种领导方式下，领导者极少直接向下属发布命令，而是与下属共同进行决策。领导者的主要作用就是促进工作的进行和沟通。

（4）授权型（Delegating）领导方式（低工作 - 低关系）：在这种领导方式下，领导者几乎不提供指导或支持，通过授权鼓励下属自主做好工作。

赫塞 - 布兰查德的领导生命周期理论对下属成熟度 4 个阶段的定义是：

（1）第一阶段（不成熟)M1：这些员工对于执行某任务既无能力又不情愿。他们的特点是：工作表现不好，甚至对工作反感、不清楚方向、逃避推卸责任、对工作有疑问、完不成工作，因而他们既不能胜任工作又不能被信任。

（2）第二阶段（初步成熟）M2：这些员工虽然工作能力较弱，缺乏足够的技能，但是愿意执行必要的工作任务，愿意虚心接受老员工或者领导的指导，他们有积极性，有热情，勤奋。他们的特点是：对工作渴望、感兴趣、乐于接受建议、热情、专注，对工作没有经验，没有能力独立工作。这样的员工可以被培养并给予机会。

（3）第三阶段（比较成熟）M3：这些员工有工作能力，却不愿意干领导者希望他们做的工作，缺乏工作热情。他们的特点是：拥有相关知识、技能，对工作漠不关心、不热心、不认真。这样的员工需要激励。

（4）第四阶段（成熟）M4：这些员工既有能力又有热情，愿意干让他们做的工作。他们的特点是：自觉开展工作、主动汇报工作、自主做决策、尽力达到最好效果、灵活运用专业技能。这样的员工可以安心委托重任。

下属状态与领导风格的具体匹配方法是：

（1）当下属处于不成熟的 M1 阶段时，领导者应采取命令式领导风格。在这一阶段下属需要得到领导者具体而明确的指导。

（2）当下属处于初步成熟 M2 阶段时，领导者应采取指导式领导风格。在这一阶段领导者需要采取高工作 - 高关系行为，一方面，高工作行为能够弥补下属能力上的欠缺；另一方面，高关系行为则可使下属在心理上“领会”领导者的意图。

（3）当下属处于较成熟 M3 阶段时，领导者可采取参与式领导风格。对于在第三阶段中出现的激励问题，领导者运用支持性、非领导性的参与风格可获最佳解决效果。

（4）当下属处于成熟 M4 阶段时，领导者可采取授权式领导风格。在这一阶段领导者不需要跟踪项目进度，也不必担心过多，因为下属愿意又有能力担负责任。

领导生命周期曲线模型概括了情景领导模型的各项要素，当下属的成熟水平不断提高时，领导者不但可以逐渐减少对下属行为和活动的控制，还可以不断减少关系行为。

三、路径 - 目标理论

（一）路径 - 目标理论概念

本理论是由加拿大多伦多大学教授罗伯特·豪斯（Robert J. House）提出的，他将期望理论和领导四分图理论结合起来创造了该理论。根据豪斯的研究，领导者不同类别的行为模式都会对激励结果产生影响，而激励的实际效果与下属的性格特征、任务的复杂程度又有千丝万缕的关系。

一般来说，领导激励下属可以从两方面入手。一是结果激励，即在员工完成既定的任务后，给予其一定的报酬。此种情况下，领导者考虑的是如何增加报酬的数量或种类，通过报酬的丰富化来起到激励的作用。二是过程激励，即在员工通向既定目标的路径中实施激励的手段。过程中的激励手段涉及完成任务的方方面面。比如，可以为员工提供轻松的工作环境、对员工的专业技能进行培训等，通过扫清通向目标的路径障碍来起到激励的作用。路径目标理论其实是关注于过程激励的理论。

路径目标理论研究的是领导者如何激励下属完成指定目标的过程。豪斯认为："路径 - 目标理论旨在解释领导者如何选择最适合于下属需求和工作情景的特定行为，来实现下属的目标与组织的目标不断靠近。并提供必要的指导和支持，最终确保下属的目标与群体或组织的总体目标一致。通过选择合适的行为风格，领导者提升了下属对成功与满足感的期望。"他认为不存在一种"普遍适用"的领导方式，任何形态的领导方式都可能有效，其有效性完全取决于领导方式与环境是否适应。换句话说，领导和领导者是某种既定环境的产物。

"路径 - 目标"是指有效的领导者既要帮助下属充分理解工作目标，又要指明实现目标所应遵循的路径。路径 - 目标理论认为，领导者的工作是帮助下属达到他们的目标，并提供必要的指导和支持，以确保个人的目标与群体或组织的总体目标一致。

根据路径 - 目标理论，领导者的行为被下属接受的程度，取决于下属是将这种行为视为获得当前满足的源泉，还是作为满足未来的手段。

路径 - 目标理论的两个情景变量分别是环境因素（任务结构、正式权力系统和工作群体）和下属的个人特点（控制点、经验和直觉能力）。控制点是指个体对环境变化影响自身行为的认知程度，包括内向控制点和外向控制点。

（二）路径 - 目标理论的程序

首先，领导者要对下属的性格特征进行一个基本的判断。判断一个人的性格有多种方法，可以通过交办事情观察其行为表现，可以与之交谈听其对事务的见解，可以了解其成长经历推断其心路历程等。总之，从下属的角度出发，考虑其面临的场景以及作出的抉择，进而分析其成熟性、独立性、耐受性、适应性等方面的能力。

其次，领导者要对任务的目标与环境有正确的认识。从整体上来看，任务的难度无外乎简单与困难。对这方面的判断也从一定程度上限定了接受任务下属的选择范围。领导者就是要对困难的任务进行拆解剖析，通过不同角度的解析，找到并明确可行性的路径，给予下属合适的激励。

最后，领导者要根据实际情况的变化采用合适的激励模式。任务进展过程中具体情况会发生转变，且个人的成长有着不同阶段，每个人都是从不成熟走向成熟，都是在这一过程中得到锻炼与成长。所以，确定下来的激励模式不是一成不变的。但相对于任务情境发生变化而要求的激励模式转变，个人的性格转变具有长期性。所以此种情况下激励模式的转变切勿过于急迫。

（三）路径 - 目标理论的内容

1. 领导方式分类

（1）指导型领导（Directive leader）。指导型领导行为模式要求领导者在向下属下达任务指令时，内容明确具体，并指定明确的绩效标准。例如他们要达到的目标、将要面对的状况、达成目标的手段、项目进度时间等。这种领导方式，不参与到下属的活动中去，适用于领导者对工作内容比较了解、对任务结构比较清晰的情境。例如，对于新人，领导者需要进行指导，帮他慢慢了解工作流程，适应工作氛围，彼此建立良好的关系。

（2）支持型领导（Supportive leader）。支持型领导行为模式要求领导者给下属创造良好的工作氛围及工作环境，让下属在轻松愉悦的环境中工作，尊重下属的地位，平易近人，关注下属们的福祉和个人需求。这种领导者与员工以合作的形式完成任务，双方地位平等，在下属需要帮助时伸出援助之手，适用于需要充分调动员工积极性与个体能动性的情境。

（3）参与型领导（Participative leader）。参与型领导行为模式要求领导者邀请下属们参与决策，共同协商，征求他们的想法和意见，并在决策之前充分考虑他们的建议。这种领导方式实际上是分权模式，下放权力以培养下属独立思考的能力，这种模式适用于任务难度比较大、风险比较高的情境。

（4）成就导向型领导（Achievement-oriented leader）。成就导向型领导行为模式要求领导者给下属设定更高级别的任务，具有挑战性，调动下属的积极性，使下属高标准完成任务，并不断改进方法。另外，这种领导者对下属非常有信心，使下属们对完成任务也具有充分的动力与自信。这种模式一般适用于任务目标具有使命性、长期性的情境中。

2. 关键因素

（1）个性特点

路径 - 目标理论首先要了解员工的特点，结合员工的不同特点及状态，采用不同的领导方式。个性特点包含了员工的领悟能力、认知水平、受教育程度、成就期望值、风险承受力等。当发生一些情况，尤其是错误或失败时，员工把责任归于自己，认为是自己的问题，如操作失误、目标有偏差等，我们称其为内控型员工；当员工把责任都推给外界因素，例如环境影响、领导的问题、他人协作的问题等，我们把具有这样思维的员工称为外控型员工。研究结果表明，内控型员工愿意接受参与型的领导，而外控型的员工更需要指导型的领导。

又如，成就动机非常高的员工，更喜欢成就导向型的领导；而重视工作关系的员工，更喜欢支持型与参与型领导；当员工感觉自己能力不足时，期望有指导型的领导来帮助他；当员工自信满满的时候，需要参与型的领导方式。

根据路径 - 目标理论，下属的性格特征可以分成 4 种：团队型、服从型、支配型、自我评价型。这 4 种性格特征的划分有利于明确领导行为模式的适用条件。

①团队型。这种员工有很强的团队意识，重视配合与协作，渴望被关心，乐于融入集体。这种下属需要支持型的领导模式，和谐的工作氛围能够增加其工作的热情与满意度。

②服从型。这种员工具有很强的服从意识，对于领导交代的任务能够做得很稳妥，但是缺乏自主能力。这种下属更适应于指导型的领导模式，需要明确的任务和目标，在一个有人指导、有明晰工作流程结构的环境中能更好地发挥能力。

③支配型。这种员工具有很强的支配意识，支配型员工又可分为外在支配型和内在支配型。外在支配型的员工有些唯心思想，相信是无形的力量在主宰命运，这些生命中外在的不可控因素支配了自己。这种下属适应于指导型的领导模式。内在支配型员工，相信自己才是周围事务的掌控者，有很强的主观意识，善于发表自己的言论，这种下属适应参与型领导模式。

④自我评价型。这种员工具有很强的自我评价意识，能够较客观、准确地评估自己，当其能力逐渐提升、对未知因素的掌控能力越来越强时，指导型的

领导模式就会让他们感到重复乏味。

（2）环境因素

环境因素包括工作性质、团队协作、目标清晰程度、领导权力支持等。当任务很明确，采用指导型的领导方式效果较差，如果正式权力非常明确，员工更愿意接受指导型的领导方式。如果工作团队为员工提供了足够的支持，那么下属通常不需要支持型的领导方式，而更喜欢指导型和成就导向型的领导方式。

（3）工作的复杂程度

工作的复杂程度是领导施行激励行为的一个参考因素。路径 - 目标理论从 3 个角度对工作的复杂程度加以界定：任务形式结构、人员组织规范、权力分配体系。当一个任务形式结构清晰、目标明确、职责分工明确、制度完善，权利与义务的设置成熟时，下属完全可以自己找寻路径，并不需要领导者的指挥。反之，当任务的要求模糊不清，人员组织规范和权力分配制度过于简单化，领导行为的干预就是必要的了。

（四）路径 - 目标理论对管理者的启示

领导行为类型应结合环境因素和下属个人特点进行选择，具体表现为：

（1）相对于具有高度结构化的任务来说，当任务不明确或压力过大时，宜采用指导型领导方式；反之，当任务结构非常明确时，采用指导型的领导方式效果较差；当任务结构不清时，成就导向型领导将会提高下属的努力水平，从而达到高绩效的预期。

（2）当下属执行结构化任务时，采用支持型领导方式可提高员工的绩效和满意度。若下属知觉能力强或经验丰富，则不宜采用指导型领导。

（3）如果工作群体为个体提供了支持与满足，则支持型的领导方式就不为下属所需要，反而指导型和成就型的领导更受欢迎。

（4）组织中的正式权力关系越明确、越层级化，领导者越应表现出支持性行为，降低指导性行为；正式权力明确时，下属愿意接受指导型的领导方式。

（5）外控型员工适合指导型的领导方式；对于内控型的下属，采用参与型领导风格可使其比较满意。

（6）对于成就欲望高的员工，成就导向的领导较受欢迎；而重视人际关系的员工，则更喜欢支持型和参与型的领导。

第三节　领导方式的应用

应用一：

我们尝试针对不同年龄阶段的人采用不同的领导方式。这里由于“00后”刚20多岁，大多数还在求学，我们对其不做分析，我们仅针对“70后”“80后”“90后”进行比较研究。

1. 特点分析

“70后”的特点：“70后”多数有兄弟姐妹，懂得分享，但也有反抗心理，对事物看得比较清晰，却又从思想上受到传统观念的影响，还是会按部就班地做好本职工作。相对“80后”“90后”来说比较保守，至少会从外表上去隐藏内心的出格想法。

“80后”“90后”的共同点：大多数为独生子女，“温室的花朵”，成长环境物质丰富，思想先进，崇尚个性化，自信，有创新精神，自尊心强，但容易受到伤害。

“80后”“90后”的区别：“80后”通常比较叛逆、自我，狂傲不羁、不谙世事、不甘平凡。坚信这世界离了谁都能转，处世没有标准，追求与众不同；因为害怕受到伤害，所以情愿持游戏人生的态度，骨子里保持着一些传统的习性。厌恶工作，但是能够坚持完成本职工作。现在最大的“80后”已经40多岁了，相对要成熟稳定一些了，不再那么招摇。

“90后”比“80后”更加自我，个性十足，热爱生活，崇尚自然。很多“90后”厌恶工作，以至于根本不想工作，在工作岗位中受到摧折会选择离职，因此“90后”离职率比较高。现在最大的“90后”也已经30多岁了，心性有所收敛，更加成熟稳重了。

2. 领导方式分析

截止到2020年，“70后”的年龄在40～50岁，在工作能力和经验方面相对较强，几乎可以独当一面。由于他们比较守规矩，不会做太出格的事，领导大可以放心把工作分权下去，因此可以采用授权式和参与式。但是他们在对于新式高科技设备方面，可能接受得慢一些，要有足够的耐心。

“80后”“90后”有很强的兴趣导向，他们希望从事自己感兴趣的工作，希望表达自己的观点，希望尝试不同的方法。传统的指令式、填鸭式、一言堂式的以讲师为主的培训模式只会引起“80后”“90后”员工的反感和排斥，往往难以达到理想的效果。可以对其实施目标结果导向的管理，以目标的形式激起他们的求胜欲望，引导他们不断接受新的挑战，钻研创新的方法以达成目标。在这样的管理方式下，管理者要适度放权，在员工可以独立完成工作的情况下，不用对其进行过多的指挥。强调结果，过程上给予他们充分的自主权，结果往往会比处处干涉好很多。对于还不能独立完成工作的“80后”“90后”，可以适度指导，尤其针对个性十足的“90后”，要点到为止，不可以说得过多，引起他们的反感。

在员工犯错时，给予“70后”一些比较中肯的建议，而非指责；而对于“80后”“90后”由于其自尊心很强，最好不要采用直接批评的方式，往往会激起他们的叛逆情绪，不仅听不进批评，还可能做出更过激的行为，造成无效管理。尤其是一些“90后”，他们宁可失业，也不愿容忍自己的价值被轻视。现在的“90后”很多还没有成家立业，没有生活上的压力，一个人吃饱，全家不饿。所以针对他们一般可以采用迂回的方式，比起直接告诉他们错误，不如想办法让他们自己体悟出错误的根源所在。

“80后”“90后”对于真正有实力的人是很佩服的，会由衷地景仰，因此，管理者需要改变传统的管理观念和领导形象，强化领导方式的人性化与科学化，营造平等、开放的氛围，努力把自己打造成魅力型的管理者。

应用二：

领导和下属每个人的性格都不尽相同，相互协调、共同进步、共同发展才是最重要的，这里我们针对下属不同的性格，采用不同的领导方式来进行分析。

1. 清高型下属

清高型下属处世自恃清高，觉得谁都不如自己，不把任何人放在眼里，不服管，好大喜功；然而实际工作能力却没有他自以为的那么强，小事不屑去做，大事又做不了，整天对别人的工作成果品头论足，没有团队精神，只要完成自己的事，对公司的事情懒得去问。

针对这种员工，在工作过程中，如果任务恰好是他擅长的，可以放心交给他，当他取得成绩时也要正常地给予奖励；避免团队合作，如果非要团队配合完成的任务，需要挑选成熟度和情商都比较高的员工与其配合，避免发生争执；可以让这种员工带学徒，自恃清高的人是有一定能力的，而新人对老人的话又比较信服，不容易产生矛盾；当其工作成绩不理想时，一定要直接指出来，但是注意语言技巧，这样的人自尊心很强。虽然这种员工不太受欢迎，但是毕竟没有太多坏心思，对公司无大的伤害。

2. 慵懒型下属

慵懒型员工一般业绩不会太好，对待工作缺乏主动性，喜欢磨洋工，有机会就偷懒。在办公室中只要聊八卦、谈美食，就一定有这种员工的声音，一说到谁来接新任务，这种员工一定把头低得最低，出现问题的时候总是会找各种理由来推卸责任。

针对这样的员工，以任务型领导风格为主导，对其分配的任务由他一个人独立完成，避免有借口推卸责任。另外，安排好时间进度，一旦超期就会受到惩罚，不给其磨洋工的机会，让其在紧张的节奏下工作。当然，取得了成绩要积极表扬，激发其成就感和责任心。

3. 城府型员工

在电视剧中我们常会看到有些员工很有城府，常常深藏不露，有很高的志向和野心，往往剧情反转，最终的坏人就是他。当然那只是剧情安排，但实际工作中这种人也确实存在，他们通常比较安静内敛，细致入微，遇事沉着冷静、不喜形于色，凡事三思而后行。由于其想法不会轻易表露出来，因此常会被忽视，但一旦有机会崭露头脚，就会超出旁人。

针对这样的员工，我们要留心，因为他是人才，能力比较强，大部分时候可以独当一面。公司可以重用这样的员工，给予尊重，作为业务骨干，可以给其一定的权力，却不能过于分权，尤其与公章、财务有关的大事，尽可能不要交给这种员工，否则一旦公司不能满足他的欲望，或者没有更高的晋升机会，他会拿自己的成绩威胁组织，甚至出卖公司的机密。

4. 顺从型下属

这种员工性格柔顺，不喜欢与人争执，待人仁厚忠诚，有宽容之德，但有时逆来顺受，缺乏主见，这样的员工往往是因为不自信，不敢发表意见。

针对这样的员工，可以采用说服型领导风格，既指导他的工作，又要鼓励其自信，让他知道多学习多锻炼才能提升能力，越独立，越有效率，人就会变得越有价值。起先可以给这样的员工一些比较容易的工作让其独立完成，取得成绩后，他便会更加自信。对于这样的员工要有一定的耐心，给他足够的锻炼机会。

5. 是非型下属

这种员工喜欢搬弄是非、挑拨离间，他每天的注意力不在如何取得更高的工作效率，而是喜欢挖掘别人的八卦，尤其是别人的私事、弱点，然后填油加醋编成故事四处散播。

作为领导，针对这样的员工，要采用消退的方式，表现出对他所言极不感兴趣的态度，并且要让其他员工看出，你非常不喜欢这种搬弄是非的人，以防他们效仿。其次，要给这个员工多安排一些工作，给他安置在远离其他员工的工作环境，让他没有时间也没有机会去搬弄是非。如果他不知悔改，那么就当面直截了当地警告，甚至处罚。

6. 固执型下属

固执型下属坚持自己的观点，凡事认死理，认准的事情就是八头牛也拉不回来，但这也恰好说明他比较执着。某些时候这是一种优势，对于需要坚持的项目会很有成效。同时他们也比较有智慧，为人耿直，值得信赖。但对待工作只会照章办事，不擅长变通，缺乏创新意识。

对于这样的员工，应给他适当的表现机会，让其参与决策，表示对他的尊重及信任，同时要让他学会听从别人的建议并能够采纳他人的正确观点，向他灌输和谐共处、团结一心的理念。

7. 成就型下属

成就型下属性格开朗外向，成功欲望强烈，害怕失败，在团队中喜欢争风，不甘于落后，永远希望自己走在成功者的行列，善于表现自我，愿意听赞赏，不愿意听反对意见。这种员工工作能力确实很强，有一定的成就，但是由于总是在上风，一旦被打败，会一蹶不振。

针对这样的员工首先要修炼他的心性，使其不要太争强好胜，适当让其经受一些挫折，但是不要给过多的惩罚；同时利用他渴望成功的欲望交给他一些难度系数大的工作，增强组织工作效率。当时机成熟时，可以让他带队完成项目任务，既满足了他的成就欲望，又增强了他的自信，进而为组织创造更多的价值。

应用三：

我们都看过《西游记》，由于这部著作深受人们的喜爱，后人对其进行了多个版本的改编，下面我们也来对这个团队作一个剖析。

众所周知，《西游记》中共有 5 个主角，1 个人和 4 个妖，唯一的一个人类就是唐僧，也就是这个团队中的老大——师傅；4 个妖分别是孙悟空、猪八戒、沙僧和白龙马，虽然白龙马的戏份很少，但也是团队中的一员，并且关键时候也出过力，所以也是主角之一。

下面先来分析一下各组员的特点，再分析领导者唐僧。

孙悟空，武艺高强、机智敏捷，办事能力强，完全可以独当一面，在社会上有很高的威望，完全靠自己的实力打拼出了一片天地。一听到孙猴子的名字，妖魔鬼怪都礼让三分，同时他还有很多的人脉，有些是不打不相识，有些是对他佩服得五体投地。但是孙悟空也有很明显的缺点，性子急，遇事怕激，不服管，有自己的主意。

猪八戒，有一定的本事，其实有些事完全可以自己做，但是他偏喜欢依靠别人，动不动就把猴哥搬出来吓唬人。他好吃懒做，有机会就偷懒。有些好色，见到美女就走不动道，自制力差，有心眼，脑子快，会见机行事，不吃眼前亏。别看猪八戒缺点很多，但是他的优点也是很明显的，他是团队的润滑剂，在平时枯燥的工作中，他善于沟通，可以给大家带来欢声笑语，为大家缓解压力。

沙僧，是埋头苦干型的员工，对待工作兢兢业业，任劳任怨。猪八戒常常把脏活儿累活儿甩给他，他也毫无怨言。虽然本事不大，能力不强，但是为人正直、勇敢、果断，有些认死理儿，头脑不够灵活。沙僧对孙悟空无比敬重，只要是大师兄给的任务，言听计从；无微不至地照顾师傅；对二师兄的耍赖行为也从不计较。沙僧是团队中的老好人。

白龙马，他是个官二代，原本在老爹的庇护下生活得无忧无虑，要什么有什么，可惜阴差阳错，成了唐僧的坐骑。这个团队中，只有白龙马没什么台词，也没有什么表现的机会。然而像他这样身份的人都只是一个坐骑，衬托出唐僧身边人才济济，也显现了唐僧在上层领导心目中的位置及实力。

然后，我们说说团队的领导——唐僧。很多影视剧中把唐僧演绎成絮絮叨叨、柔柔弱弱，遇事优柔寡断的形象，发起狠来对孙悟空不停地念紧箍咒，而对于猪八戒这一好吃懒做的家伙却睁一只眼闭一只眼，让观众好是生气。但殊不知，这正是唐僧厉害的一面。他心地善良，又没有法术傍身，只能靠4个徒弟保护着一路前行，而4个徒弟各个都身怀绝技，他如何镇得住他们呢？

作为领导，唐僧有三大本事，一个是自身的性格，一个是上层领导的支持，还有一个便是善于用人。首先，他具有坚韧不拔的毅力、超强的耐力，方向明确，不畏艰险，勇往直前。其次，上层领导对唐僧很看重，给他配备了强有力的团队，虽然在物质上有所欠缺，但是关键时刻还是会给予大力支持。最后说说唐僧的用人之道。领导者最重要的重任不是做业绩，而是培养下属，给他们机会成长。优衣库的老板刘景正非常严谨，他说："经营者是公司最重要的资产，怎样培养出更多的经营者，就是要在员工做错事的时候，学会睁一只眼闭一只眼。"唐僧正是这样的领导者，他做事抓大放小，善于用人，把每个弟子放到最适合的位置上，对于不影响大方向的细节不追究，给员工试错的机会；即使错了，也不会暴跳如雷，而是简单的指引一下方向，剩下的让下属自己去领悟。唐僧表面看起来温文尔雅，但是有很强的底线，因此他制定了一套规则，当然这个规则主要是用来约束孙悟空的，因为只有这个猴头本事最大，最敢挑战师傅的底线，容易把领导架空。谁破坏了规矩都要受到惩罚，这就是为什么孙悟空会被念紧箍咒，而猪八戒却没有受过大的处罚，因为孙悟空违反的是底线，猪八戒虽然毛病多，但是没有触犯领导的底线。可是大家读到《西游记》后面，师傅除了分辨真假美猴王时念过一次紧箍咒，再没有对孙悟空进行过处罚，这说明那个时候的孙悟空已经学会听从了。从这些方面看，唐僧是个大智若愚型的领导。

从最终的结果看，唐僧是个优秀的领导者，他的几个徒弟都有了好的结果。唐僧本人被封为旃檀功德佛，孙悟空被封为斗战胜佛，猪八戒被封为净坛使者，沙僧被封为金身罗汉，白龙马被封为八部天龙。这次项目的成功，不但为组织赚到了最大的利益，同时也成就了团队中每个成员。这次西游记之行，可谓是成功领导的典范。

应用四：

领导要时刻记住自己是领导，不是普通的基层管理者，更不是保姆，要学会放权。

我曾经遇到过这样一位领导，为人很好，关心下属，对组织任务有想法、有方向、有原则，工作也有方法，但是他最大的问题就是"不放心"，凡事都要亲力亲为，团队比赛他要亲自带队，组织会议连喝什么饮品、什么茶叶他都要亲自挑选，甚至员工参加会议他都亲自开车去送……每天都能看见他忙碌的身影穿梭在各个办公室之间，乘电梯、跑楼梯，像赶场子一样，组织中几乎每个角落都可能看到该领导的身影，可是员工需要找他签字时，却见不到人。这听起来就很可笑吧！他带领的部门业绩成绩还算理想，但是员工对其评价不高，他自己也很委屈，明明很平易近人，为何大伙不领情呢？

在我看来，他是个好人、出色的员工、上进的管理者，却不是一个好的领导者。机会是要分给大家的，权力是要下放的，思想是要传承的，一个人再聪明能干、认真负责，也不能把整个组织的工作都做到事无巨细、面面俱到，需要团队合作的力量。现在的部门规模情况下，这位领导已经身心疲惫了，如果部门扩建了，他还能坚持多久呢？我们不得而知。

能用众力，则无敌于天下矣；
能用众智，则无畏于圣人矣

有效激励篇▷

第一节 激励简介

一、激励的概念

激励是指激发员工的工作动机。什么是动机呢？动机是一种主观渴望，是人们能够持续、坚定地完成一项任务的内在能量。

作为领导者，我们需要员工拿出百分之百的热情，并且持续保持。尤其针对一些老员工，他们工作做得太久了，环境太熟悉了，对于其个人而言，本职工作已经失去了任何挑战，自然也就失去了动力。因此，激励在管理过程中尤为重要。有效的激励会点燃员工的激情，促使他们的工作动机更加强烈，让他们产生超越自我和他人的欲望，并将潜在的巨大的内驱力释放出来，为企业的远景目标奉献自己的热情。

二、激励的过程

激励的过程可以表述为用刺激的手段，引诱出人们的需要，当需要积聚到一定程度时会引起人们的欲望，欲望正是强有力的主观动机，引起人们内心的紧张，进而采取一定的行动，来满足最原始的需要，最终达到目的。

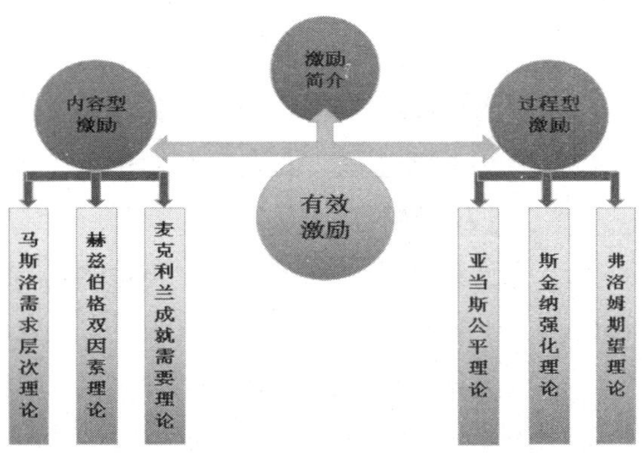

图 5-1 本章知识结构图

在整个激励的过程中，存在3个变量，分别为刺激变量、机体变量和反应变量。下面我们分别对这3个变量进行概述：

刺激变量，是来自外部的刺激情境，是心理学实验中对被试者的心理或行为可能产生影响的各种外部条件或因素。它是指在实验中选择、控制用以引起被实验者心理或行为变化的实验条件，包括自然环境与社会环境的刺激。

机体变量，是指可能对被试者的心理或行为产生影响的被试者自身的身心特征，这些都是激励对象本身所具有的特性，如性格、内驱力强度等。

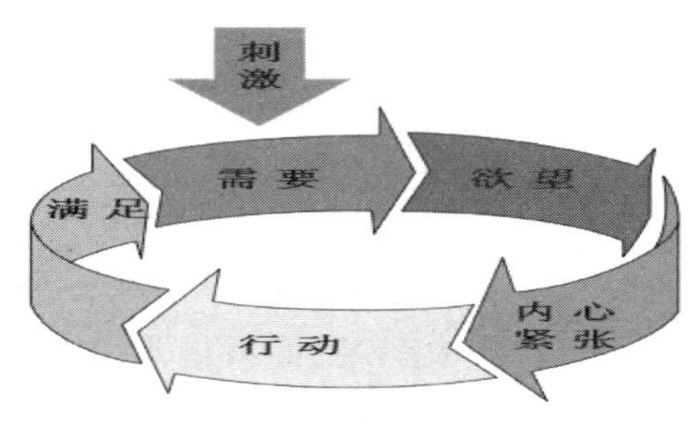

图 5-2 激励过程图

反应变量，是指由于自变量的变化而引起的被试者的反应或内外变化。

这3个概念从理论上看是比较抽象的，那么我们举一个实例来说明一下。例如在一个小孩子前面不远处摆放一个大蛋糕，蛋糕上粘着五颜六色的糖果，奶油看起来蓬松又美味，蛋糕精致漂亮。孩子会笑着，拍着小手儿，流出口水，兴奋地爬向蛋糕，一旦小手儿碰触到蛋糕就开始不停地将蛋糕塞向嘴里。这里诱人的蛋糕便是刺激变量，孩子笑着流口水是机体变量，冲向蛋糕不停地吃就是反应变量。

人们的需要很难被直接观察到的，而且每个人都会有各种不同的需要和动机，往往人的许多生理需求也是由各种环境因素激发起来的。如：看到酸梅就咽口水，闻到香味会感到饥饿等。

另外，不仅是需要会引起行为，行为也可以引起需要。例如：一个人特想在事业上取得成就，这种需要可能因实现一个预期目标得到满足而加强，也可能因失败而减弱。人们行为的激励过程，就是要利用刺激变量引起机体变量产生持续不断的兴奋，从而引起积极的行为反应。

激励是一个由外界环境刺激内心，引起波澜，再由内心控制人们行为的过程，也可以是由内心自发产生的某种欲望直接控制人们的行为，因此激励必然有个内心波动的过程。在这里我们更多的是利用心理学的知识，深入细腻地反映人们的感受。接下来要介绍6种理论激励及其研究者和创始人。

前文中，我们已经讨论了激励的过程，现在我们把激励的过程进一步细分，分成两大环节，内容型激励环节与过程型激励环节。

内容型激励，着眼于满足人们需要的内容，具体来说就是从需求入手，强调人们内心的变化过程，针对激励的原因与起到激励作用的因素的具体内容进行研究的理论。人们需要什么就满足什么，从而激起人们的动机，产生内心的紧张。

图 5-3 内容型激励环节图示

过程型激励，着重研究人们从动机产生到采取行动的心理过程。具体来说就是从主观需要到客观行为，强调需求转化为实际行为的过程。它的主要任务是找出对行为起决定作用的某些关键因素，弄清它们之间的相互关系，从而预测和控制人的行为。这类理论表明，要使员工出现企业期望的行为，必须在员工的行为与员工需要的满足之间建立起必要的联系。

图 5-4 过程型激励环节图示

第二节 内容型激励理论

一、马斯洛的“需求层次理论”

（一）亚伯拉罕·马斯洛

亚伯拉罕·马斯洛，出生于美国纽约市布鲁克林区的一个犹太家庭，他是家中 7 个孩子中最大的。他的父母是从苏联移民到美国的犹太人，父亲酗酒，对孩子们的要求十分苛刻；母亲极度迷信，而且性格冷漠、残酷、暴躁，马斯洛小时曾带回两只小猫，被母亲当面活活打死。马斯洛童年生活痛苦，从未得到过母亲的关爱。母亲去世时，他拒绝参加葬礼，可见其母子关系之恶劣。他童年时体验了许多的孤独和痛苦，这一切使马斯洛成为一个害羞、敏感并且神经质的孩子，为了寻求安慰，他把书籍当成避难所。后来当他回忆童年时，他说道："我十分孤独不幸。我是在图书馆的书籍中长大的，几乎没有任何朋友。"

马斯洛是美国著名的社会心理学家，第三代心理学的开创者，提出了融合精神分析心理学和行为主义心理学的人本主义心理学。他的主要成就包括提出了人本主义心理学，提出了马斯洛需求层次理论，代表作品有《动机和人格》《存在心理学探索》《人性能达到的境界》等。

（二）需求层次理论的内容及内涵

1. 需求层次的内容

根据需要出现的先后及强弱顺序，马斯洛把需要归纳为5个基本的层次，由低到高依次为（注意顺序不能变）：

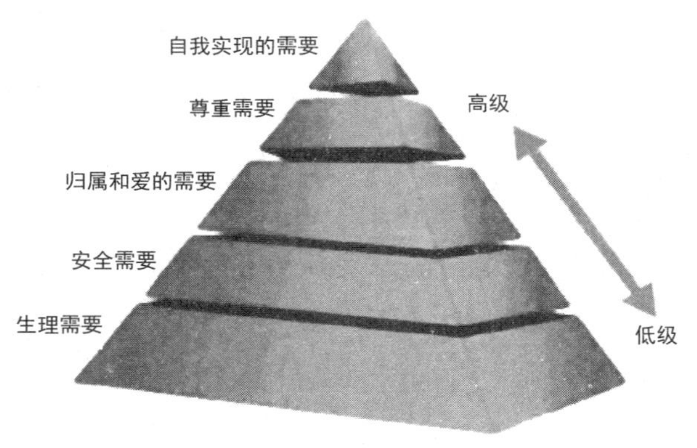

图 5-5 需求层次理论图

（1）生理需要（Physiological needs）：是人类生存所必需的、最基本的需要，是维持个体生存和延续种族发展的需要，比如人对食物、水分、睡眠、休息等方面的需要。这个层次的需要是与生俱来的。

（2）安全需要（Safety needs）：人们寻求保护自己免受生理与心理上侵害的一类需要。个体要求稳定、安全、摆脱事业和丧失财产威胁、免除恐惧和焦虑、获得安全感的需要。比如身体健康、环境安静、稳定的职业和生活保障等。社会保险就是人们安全需要的一种体现。

（3）归属和爱的需要（Belonging and love needs）：又称社交需要，是个体要求被接纳、爱护、关注、鼓励、支持等的需要。这一层次的需要包括两个方面的内容：一是友爱的需要，即人们都渴望友情、爱情，在爱别人的同时，也渴望被爱；二是归属的需要，即人们都希望自己能融入一个群体当中，不被孤立或排斥，并且互相关心和照顾，体现为对家庭或团队的依赖。这一层次的需要与人的性格、经历、教育、宗教信仰都有关系。

（4）尊重需要（Self - esteem needs）：人们希望有稳定的社会地位，需要别人的承认、赏识和重视。尊重的需要又可分为内部尊重和外部尊重。内部尊重就是人的自尊，外部尊重是指受到别人的尊重、信赖和高度评价。马斯洛认为，尊重需要得到满足，能使人对自己充满信心，对社会满腔热情，体验到自己活着的用处和价值。

（5）自我实现的需要（Self - actualization needs）：这是最高层次的需要，个体渴望充分实现自我价值，自我潜能得以发挥的需要。最大限度地发挥自己的潜能，完成与自己能力相称的一切事情。马斯洛提出，为满足自我实现需要所采取的途径是因人而异的。自我实现的需要是在努力实现自己的潜力，使自己越来越成为自己所期望的人物。

2. 需求层次的内涵

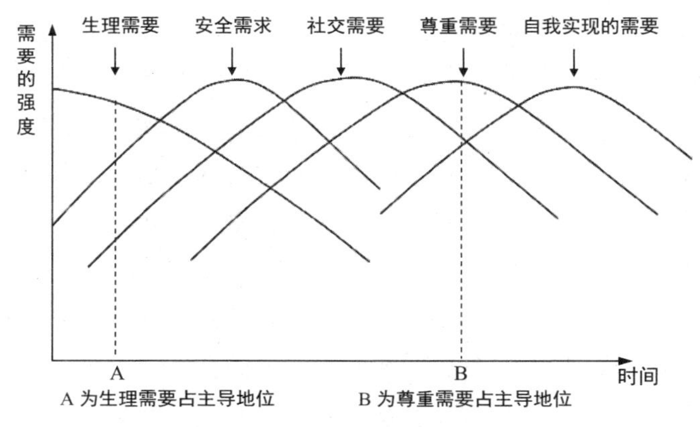

图 5-6 需求层次分析图

我们通过图 5-6 进一步展示出需求层次的内涵：

（1）5 种需要是从低到高，按层次逐级递升。层次越低的需要出现得越早，层次越高的需要出现得越晚。如图 5-6 所示，随着时间的推移，依次出现了生理需要、安全需要、社交需要、尊重需要和自我实现的需要。人们首先追求满足较低层次的需要，如生理需要、安全需要，只有在较低层次的需要得到合理满足后，较高级别的需要才会发展并起激励作用。如果高层次的需要得到满足而低层次的却得不到满足时，有些人可能会牺牲高层次的需要转而去谋求低层次的需要。在多种需要未获满足前，首先满足迫切需要；该需要满足后，后面的需要才显示出其激励作用。任何一种需要并不因为下一个高层次需要的发展而消失。

任何一种特定需求的强烈程度取决于它在需求层次中的地位，以及它和所有其他更低层次需求的满足程度。马斯洛的理论认为，激励的过程是动态的、逐步的、有因果关系的。在这一过程中，一套不断变化的“重要”的需求控制着人们的行为，这种等级关系并非对所有的人都是一样的。社交需求和尊重需求这样的中层需求尤其如此，其排列顺序因人而异。不过马斯洛也明确指出，人们总是优先满足生理需求，而自我实现的需求则是最难以满足的。

（2）需求层次理论有两个基本出发点。一是缺失性需要，关系到个体生存，人人都有的需要，生理需要、安全需要、归属与爱的需要以及尊重需要这4种需要被称为缺失需要，某层需要获得满足后，另一层需要才出现。二是生长需要，自我实现需要就是生长需要，它虽不是我们生存所必需的，但对于我们适应社会来说有很重要的积极意义。

（3）5种需要可以分为两级。其中生理上的需要、安全上的需要和情感上的需要都属于低一级的需要，这些需要通过外部条件就可以满足；而尊重的需要和自我实现的需要是高级需要，他们是通过内部因素与外部条件适当结合才能满足的，而且一个人对尊重和自我实现的需要是无止境的。同一时期，一个人可能有几种需要，但每一时期总有一种需要占支配地位，对其行为起决定作用。如图5-6所示，在A阶段，生理需要高于其他需要，因此生理需要占主导地位。而在B阶段，尊重需要高于其他需要，因此这个时期尊重需要起决定性作用。各层次的需要相互依赖和重叠，高层次的需要发展后，低层次的需要仍然存在，只是对行为影响的程度大大减小。

（4）需要层次不仅与时间有关，还与民族发展水平有关。一个国家多数人的需要层次结构，是同这个国家的经济发展水平、科技发展水平、文化和人民受教育的程度直接相关的。在不发达国家，生理需要和安全需要占主导的人数比例较大，而高级需要占主导的人数比例较小；在发达国家，则刚好相反。在同一国家不同时期，人们的需要层次会随着生产水平的变化而变化。

（5）个人需求的层次内容是由个人自己的价值观和世界观决定的。平凡的人同样具有尊重和自我实现的需求。这里自我实现需求的内容不是以社会普遍价值观为标准的，而是来自个体自身的价值观。大家都听过那个故事，一个孩子在山上放羊，有位记者看到他，就打趣地问道：“你每天都放羊吗？”

“嗯！”

“为什么不上学呢？”

“家里没钱！”

“那你放羊是为了卖钱吗？”

“嗯！”

记者以为孩子会说卖钱是为了读书，结果孩子接下来说的话让其目瞪口呆，“放羊，卖钱，攒钱娶媳妇，然后媳妇生娃，让娃再放羊！”

放羊娃的生活圈子就这么大，每天在山上放羊，让他拓展思路，走出去，这只是世俗价值观的看法，而非他的想法。放羊娃从没离开过大山，也许他的自我价值就在于每天放羊，这恰恰证明了自我实现是一个更高层级的需求，只有通过其个体的内在行为来满足。因此最后一个需求——自我实现的需求会因人而异。

3. 需求层次的不适用

马斯洛需求层次理论并不适用于所有的人，这是马斯洛需求层次理论的不足之处，以下几种人无法用马斯洛需求层次来解释：

（1）心理变态的人

马斯洛的需要层次理论只涵盖了健康人的需要，对于那些患有精神疾病或心理变态的人的需要并不能清晰表述出来。例如一个心理变态的人，可能把安全需要的位置放得很低，反而把情感或者尊重的需要摆在首要位置。

（2）抱负水准极低的人与狂妄自大的人

这两类人，要么对生活没有更高追求，自我实现的需求很低；要么认为自己无所不能，不能够正视低层次的需求，对其没有准确的估量。例如含着金汤匙出生的人，从来没有为低层次的需要烦恼过，有一天突然把他抛向社会最底层，恐怕他对生活中琐碎的细节没有正确的衡量，对低层次的需求估量不足，不过时间久了，他会有所改变。

（3）放弃某种需要的人

有些人为了自我追求而刻意地放弃某些需要。比如有些人为了自己的事业更加成功而放弃了情感，这是为了满足尊重的需要或自我实现的需要，而放弃社交需要的人。但是这里需要注意，他并非放弃了全部的社交需要，只是放弃了他认为不重要的情感。

（4）有创造天赋的人

我们小时候都听过牛顿煮怀表的故事，创造天赋极高的人可能在追求自我实现的道路上会忽视一些生理需要。又如，凡·高割掉自己耳朵的故事大家也都有所耳闻，传说是因为与好友高更观点不合发生争执引起的，也有人说是因为高更戏弄了凡·高，但不管因为什么，都是为了高层需求（友谊需要或自尊的需要）而丧失低层需求（生理需要或安全需要）。

（5）有理想、有某种坚定信仰的人

一些有宗教信仰的人，把信仰看得比生命还重要。在他们眼里，死亡代表着升入天国，灵魂得到了永恒的平静。因此即使在他们食不果腹的时候，生理需要及安全需要相比信仰来说，也起不到激励作用。

还有那些烈士，为了民族的解放，抛头颅，洒热血，人们的幸福生活就是他们的坚定信仰，为之可以放弃自己的生理需要和安全需要（生命）。

至此，我们大概把马斯洛需求层次理论中的一些不适用性作了说明。马斯洛强调遗传在人的发展中的作用，认为人的价值就是一种先天的潜能，而人的自我实现就是这种先天潜能的自然成熟过程，社会的影响反而束缚了一个人的自我实现。这种观点，过分强调了遗传的影响，忽视了社会生活条件对先天潜能的制约作用。马斯洛是离开社会条件、离开人的历史发展以及人的社会实践来考察人的需要及其结构的。其理论基础是人本主义学说，即人的本质是超越社会历史的、抽象的“自然人”，由此得出的一些观点就难以适合其他国家的情况。

马斯洛的需要层次理论，只注意了一个人各种需要之间存在的纵向联系，却忽视了一个人在同一时间内往往存在多种需要，而这些需要又会互相矛盾，进而导致动机的斗争。

（三）需求层次的延展及应用

1. 需求层次理论的延展

需求层次理论是马斯洛在 1954 年出版的《动机与个性》一书中提出的，人类的动机也就是个人出生后一生成长发展的内在潜力。因此，马斯洛的动机理论也就是人格发展理论。

1970 年，在马斯洛新版书内，需求层次改为 7 个层次，即生理需求、安全需求、隶属于爱的需求、自尊需求、认知的需求、审美的需求、自我实现需求。

这里是在原来的基础上，添加了认知需求和审美需求。认知需求（Need to know），指对自己对他人对周围事物变化有所理解的需求；审美需求（Aesthetic needs），指对美好事物欣赏并希望周遭事物有秩序、有结构、顺自然、循真理等心理需求。

2. 需求层次的应用

组织中，了解员工的需求是对员工实施激励手段的一个重要前提。不同的员工在不同的时期，需求也会有所变化。

比如一个刚毕业的成绩优异的大学生，家庭环境很普通，在他此时的需求中，基本生活保障就占了主导地位。因此给他一个稳定的收入，保障其基本生活就是一个最简单的激励手段。同时我们要注意，该大学生受过多年的高等教育，很可能在学习上一直被人追捧，这会在他的内心产生很强的优越感，我们对他的激励里不能有太多的怜悯、同情色彩，这会刺激他的自尊心；应该更多地给他一些有难度的目标，指导他的同时表现出信任，点到为止，既给他指引了方向，又给他足够的思考空间，并且一旦取得成功，要给予相应的物质奖励。

大家都知道钱学森，他出生于上海，家境殷实，祖上世代经商。父亲钱均夫留洋日本，归国后在上海成立学堂，一直从事文化教育工作。母亲章兰娟是富商之女，计算能力和记忆力超群，有极高的数学天赋。在这样家庭出生成长的孩子，他的生理需要、安全需要和社交需要从小就得到了极大的满足。钱学森在铁道部交通大学学习铁道工程，后去美国麻省理工学习航空，再后来成为世界著名科学家冯卡门的弟子。在学习生涯中，他的自尊需求和自我实现的需求也得到了充分的满足，因此在钱学森回国为我们“两弹一星”事业贡献力量的时候，我国我党该用什么样的形式来激励他呢？物质、权力都已经起不到任何激励的作用，最后唯有托付一个目标、一个重任，寄以全国人民的期盼和信任。这对钱学森就是最大的激励，甚至可以说是一个无形的巨大压力。另一方面就是全力以赴地配合，需要什么样的人力，什么样的物力，什么样的场地，什么样的实验条件，只要钱老说出来，有要求，我们就全力支持。可见，钱学森的一生都在不断追求自我价值实现，并且伴随着越来越高的自我约束。

企业在员工管理的实践中利用马斯洛需求层次理论进行分析，从低级到高级需要逐步展开，要采取有效措施来满足员工需要。例如可以建立合理、平等的薪金等级、福利制度来满足全体员工的生理需要；建立完善的退休基金制度、医疗保险、意外保险制度，满足全体员工的安全需要；创造良好的工作条件和氛围，增加一些社交活动，如比赛，户外训练等，满足员工的社交需求，对于社交需要强烈的员工给予更多的情感关注；对于自尊需要强烈的员工给予更多的自由空间、充分的信任及肯定、足够的晋升机会等；给自我价值实现需要强烈的员工，设定更高级别的目标，提供充分的工作条件，调动员工的积极性，降低员工流失率，促进企业良好发展。

许多研究表明，高层管理人员和基层管理人员相比，更能够满足他们的较高层次的需求，因为高层管理人员面临着有挑战性的工作，在工作中他们能够自我实现。另一方面，基层管理人员更多地从事常规的工作，满足较高层需求就相对困难一些。而且需求的满足根据一个人在组织中所做的工作、年龄、公司规模以及员工文化背景等因素的不同而有所差异。

生产指挥系统的管理人员在安全、社交、尊重和自我实现方面比科室人员感到更大的满足，双方在尊重和自我实现需求上的差距最大。在尊重和自我实现的需求方面，年轻员工（25 岁或以下）的要求比较年长的员工（36 岁或以上）更强烈。低层次的管理部门和小公司的管理人员比在大公司工作的管理人员更易感到需求得到满足。

事实表明，个人和组织中的事件能够而且确实能改变需求。组织中的习惯做法会强烈地影响许多高层次需求的产生并给予满足。例如，根据过去胜任工作而给予的晋升能够激发员工的尊重需求。而且，随着管理人员在组织中的发展，安全需求逐渐减弱，而社交、尊重和自我实现的需求则相应增强。

二、赫茨伯格的“双因素理论”

（一）弗雷德里克·赫茨伯格（Frederick Herzberg）

弗雷德里克·赫茨伯格，美国心理学家、管理理论家、行为科学家，双因素理论的创始人。赫茨伯格曾获得纽约市立学院的学士学位和匹兹堡大学的博士学位，之后在美国和其他 30 多个国家从事管理教育和管理咨询工作，是犹他大学的特级管理教授，曾任美国凯斯大学心理系主任。双因素理论是赫茨伯格最主要的成就，在工作丰富化方面，他也进行了开创性的研究。

（二）双因素理论的内容及内涵

1. 双因素理论的内容

双因素激励理论（Dual-factor theory）又叫激励因素 – 保健因素理论。20 世纪 50 年代末期，赫茨伯格和同事们对匹兹堡附近一些工商业机构的约 11 个行业 200 位专业人士作了一次调查，访问主要围绕两个问题：在工作中，哪些事项是让其感到满意的，并估计这种积极情绪持续多长时间；又有哪些事项是让其感到不满意的，并估计这种消极情绪持续多长时间。

从“满意”和“不满意”两个维度出发，赫茨伯格将调查结果进行了归类，总结得出：能够提高员工工作满意度的因素多与工作本身有关。这些因素主要包括：个人成就、组织或社会的赞赏、工作的挑战性、明确的职责划分以及个人的成长与发展。这种能够激发员工工作积极性的因素，被赫茨伯格命名为激励因素。与之相对的，公司的政策与管理方式、上级的监督、工资福利、人际关系以及工作的条件，这些与环境相关，容易引起员工的不满、不能激发其工作热情的因素被命名为保健因素。

这里我们要先理解一个辩证关系，“满意”的对立面不是“不满意”，而是没有达到“满意”，同理“不满意”的对立面也不是“满意”，而是没有达到“不满意”。这4个概念从程度上我们要仔细品味一下，它并不是非黑即白，而是有一个灰色的过渡界带。

接下来，我们来谈谈“保健因素”和“激励因素”。赫兹伯格的结论里说，保健因素包括：薪金、管理方式、地位、安全、工作环境、政策与行政管理以及人际关系等。这些因素起不到激励的效果，但是会有保健功能。也就是说当这些条件都得到满足的时候，人们就不会“不满意”，他们会正常工作，办公室里的氛围是和平、安稳的。反之，如果这些条件得不到满足，员工便会表现出“不满意”，甚至会采取自己的方式来反抗，抵制组织，公司的氛围是紧张的，灰暗的。保健因素的功能类似于卫生保健对身体健康所起的作用，保健从人所处的环境中消除有害于健康的事物，它不能直接提高健康水平，但有预防疾病的效果；它不是治疗性的，而是预防性的。

激励因素包括：工作本身、领导的赏识、进步、成长的机会、责任大小以及成就。这些因素得到满足时，员工会表现出“满足”，会激发出员工的潜力，达到事半功倍的效果。反之，如果这些条件缺失并不会直接导致员工“不满意”，而是会导致员工“没有满意”这种状态产生，结果仍然是平静的，员工不会采取消极的态度来对待工作，只是情绪不高涨而已。激励因素的功能类似于吃药打针对疾病起到的作用，如果人生病了，我们只是让他注意个人卫生，勤洗手等已经不会产生重大效果了，必须及时治疗。

2. 双因素理论的内涵

赫茨伯格注意到，激励因素和保健因素都有若干重叠现象，如赏识属于激励因素，基本上起积极作用；但在没有受到赏识时，又可能起消极作用，这时又表现为保健因素。工资是保健因素，但有时也能产生使职工满意的结果。

赫茨伯格双因素理论的核心在于“只有激励因素才能够给人们带来满意，而保健因素只能消除人们的不满，但不会带来满意感”这一论断，因此如何认定与分析激励因素和保健因素并“因材施政”这才是关键。比如就销售人员的薪金设计来说，按照双因素理论，应该划分为基础工资与销售提成两部分，基础工资应属于保健因素，销售提成则属激励因素。对销售人员而言，通常是低工资高提成，这样才能促使销售人员尽可能多地做业务，增加销量。所以，将赫茨伯格双因素理论运用于管理，首先在于对存在的各因素进行质的分析与分类，分为保健因素与激励因素两部分；其次，进行量的分析与分类，既保障保健因素的基本满足程度，又尽量地加大激励因素的成分，由此最大限度地激发员工工作的积极主动性。

3. 双因素理论的不足

（1）以偏概全

赫茨伯格的样本对象都是工程师、会计师等，属于组织中的管理层，工作条件等各方面都比较优越，工资待遇较高，因此保健因素对样本对象起不到激励作用，但是这并不能说明工资等因素对于任何阶层的员工都没有激励作用。不同职业和不同阶层的人，对激励因素和保健因素的反应是各不相同的。

（2）结果预计不足

双因素理论一直在研究什么样的因素会使人“满意”或者“不满意”，但是高度的工作满足不一定就产生高度的激励，满意与否也并不一定直接影响员工的工作效率。满意的员工未必就会增加生产量，提高工作效率；反之，不满意的员工也未必一定会效率差，只能说这是一个影响因素，而非必然因素。

（3）界限太过分明

保健因素与激励因素其实没有明显的界线，并且效果因人而异，有些人的保健因素其实是另外一些人的激励因素，将两种因素截然分开有欠妥当，实际上保健因素与激励因素、外部因素与内部因素都不是绝对的，而是相互联系并可以相互转化的。

另外，双因素理论比较适用于美国，并不完全适用于中国，或者并不完全适用于我国的任何一个城市。针对中国大部分的人群，工资和奖金可以列入激励因素，因其关系到个人的生活质量。因此管理者在对职工进行激励时，必须要考虑到文化差异，因地制宜地制定有效的激励措施和采取有效的激励手段。因此，企业应该建立灵活的工资、奖金制度，防止僵化和一成不变，在工资、奖金分配制度改革中，既注重公平又体现差异化。合理而富有竞争力的薪酬制度是企业激励职工、留住人才的基本方略。同时，企业更要注重精神激励的重要作用。学习型组织为我们提供了一个典型的精神激励模式：通过培养员工自我超越的能力，打破旧的思维限制，创造出更适合组织发展的新的心智模式，在这种更为开阔的思维中发展自我，并朝着组织的整体目标和共同愿景努力。

（三）双因素理论的延展及应用

双因素理论作为诸多激励理论中的一种，对于在管理过程中，提高组织成员的积极性，发挥组织成员的创造性具有重要意义。要调动人的积极性，不仅要注意物质利益和工作条件等外部因素，更重要的是要注意工作的安排，量体裁衣，各得其所；注意对人们进行精神鼓励，给予表扬和认可；注意给人以成长、发展、晋升的机会。随着温饱问题的解决，这种内在激励的重要性越来越明显。

1. 注重运用保健因素

双因素理论认为，当保健因素不具备时，组织成员会产生不满意。因此，要提高职工的积极性首先得注意保健因素的运用，以消除职工的不满、怠工和对抗。而这些保健因素主要是正常工作任务所要求的环境因素。对员工的外部激励应重在为员工创设一个良好的工作生活环境。比如，企业的行政管理，应强化服务功能，淡化领导意识；企业的管理政策应多体现“以人为本”的管理思想，营造良好的人文环境；企业的资金和设备应进行合理配置，满足员工开展工作、研发的需要，员工的住房等生活条件应逐步改善，等等。总之，为员工创造一个良好的工作生活环境是激励员工工作积极性的前提。

但保健因素并不能激起员工的热情，无法激发他们的工作积极性，所以更重要的是要利用激励因素来激发员工的工作热情和工作效率。因此，企业如果只考虑到保健因素而没有充分利用激励因素，就只能使员工感到没有不满意，却不是非常满意，那么企业就很难创造更高的业绩。

2. 注重运用激励因素

企业员工作为企业管理的主要对象，具有一定的精神需求，在工作中获得成就感，提升自身素质，拓展个体发展空间的愿望强烈。因此，管理者应提高员工工作的满意度和成就感，满足其受到尊敬、拥有更好个人发展空间的需要。如果一个员工的工作得到了领导的认可、同行的羡慕，会比任何方式都更能激发他工作的热情。因此，作为管理者应善于运用激励手段去发现、挖掘员工的潜力。另外，当今社会知识更新迅速，逐步向学习型社会转化，员工提高自身素质的愿望更加强烈，管理者应考虑到员工个人发展的需要，为员工的培训和技能的提高提供支持。

3. 物质激励和精神激励结合

双因素理论启发我们，为了提高物质激励的效果，必须把物质激励和精神激励进行有效的整合。精神激励主要是满足人们被尊重、有成就、自我实现等高水平的需要，是一种主导的、持久的激励方式。在市场经济条件下，丰厚的物质报酬是刺激员工努力拼搏的最佳手段，但是，由于人们通常对自己职业的忠诚度高于对企业的忠诚度，因此仅仅有物质奖励是不够的，应从员工的成就欲和成长发展出发，制定出一套物质激励和精神激励有机结合的奖励系统。这样，员工才会感觉自己是企业的主人，而不仅仅是被人雇佣，领取报酬的人。

三、麦克利兰的“成就需要理论”

（一）戴维·麦克利兰（David C. McClellan）

戴维·麦克利兰出生于美国纽约州弗农山庄，与其他几位理论创始人一样，也是一位心理学家，准确地说是美国社会心理学家。麦克利兰是1987年美国心理学会杰出科学贡献奖得主，是当代研究动机的权威心理学家。他从20世纪四五十年代起就开始对人的需求和动机进行研究，提出了著名的3种需要理论，并得出了一系列重要的研究结论。1938年获韦斯利恩大学心理学学士，1939年获密苏里大学心理学硕士，1941年获得耶鲁大学心理学哲学博士学位。之后曾先后任康涅狄格女子大学讲师、韦斯利昂大学教授及布林莫尔学院教授，1956年开始在哈佛大学任心理学教授，1987年后转任波士顿大学教授直到退休。

（二）成就需要理论的内容及内涵

麦克利兰提出一个著名的模型，即冰山模型。在这个模型中，他把人的素质描绘成一座冰山，这座冰山分为水面之上和水面之下两个部分。水上的部分是表象特征，指的是人的知识和技能，通常容易被感知和测量。水下的部分是潜在特征，主要指的是社会角色、自我概念、潜在特质、动机等，这部分特征越到下面越不容易被挖掘与感知。经过深入研究之后，麦克利兰领导的研究小组发现，素质从根本上影响了个人绩效，具体来说就是类似“成就动机”“人际理解”“团队影响力”等因素。

1. 成就需要的内容

麦克利兰注重研究人的高层次需要与社会性的动机，强调采用系统的、客观的、有效的方法进行研究，提出了个体在工作情境中有 3 种重要需要：

（1）成就需要（Need for achievement）

成员在组织工作中，期盼能够取得成功，得到成绩，希望凡事尽善尽美。他们把追求成功过程中的克服困难、解决问题当作最大的乐趣，他们不看重成功以后的物质奖励，而是更关注自我的成就感。这样的成员通常有很高的进取心、责任心，敢于冒险、理性、现实。

（2）权力需要（Need for authority and power）

权利需要强的成员，在组织工作中，表现出来极强的支配欲，喜欢影响别人，愿意发号施令，却不愿意被别人支配和控制。这样的人同样也追求成功，但是他们追求成功的目的在于积累业绩、塑造形象、丰富经验、优化履历，进而得到一定的权势和地位。不同人对权力的渴望程度也有所不同。权力需要是管理成功的基本要素之一。

（3）亲和需要（Need for affiliation）

亲和需要强的成员在组织中表现出与他人建立友好亲密的关系，渴望并努力寻求被他人喜爱和接纳。这样的人善于换位思考，凡事为别人着想，相比竞争激烈的氛围，更喜欢融洽的合作关系。他们努力的重心不在于成绩，而是钻研沟通的技巧，他们对环境中的人际关系更为敏感。有时，亲和需要也表现为对失去某些亲密关系的恐惧和对人际冲突的回避。

2. 成就需要的内涵

麦克利兰从心理学和企业管理的角度入手，把激励理论广泛地推演到整个人类社会的层面，并用以观察、分析和改造社会，这确实是一项具有开创性的探索，对于实现国家繁荣富强的伟大事业无疑具有重要的现实意义。

成就需要可以创造出富有创业精神的任务，成就需要强烈的人由于时时想着如何把工作干得更好，往往能够做出成就。因此一个公司如果成就需要强烈的员工很多，往往就会经营顺畅、发展迅速。

（三）成就需要的延展及应用

一个有强烈的“成就需要”的人，更容易取得事业的成功；一个有强烈“成就需要”的组织，更容易获得经营管理的成功；一个有强烈“成就需要”的民族更容易走向繁荣与富强。

按照麦克利兰的观点，一个社会的发展，政治制度、经济制度和地理资源因素都是次要的，关键在于人们是否具有成就动机。成就感的培养从总体上看与国家的经济发展同步，但据麦克利兰分析，文化作品中的成就导向，要领先于经济发展。麦克利兰还指出，成就感虽然是可以后天培养的，但童年经历特别重要，父母在儿童早期的训练和教育方式，对成就感的形成具有决定性作用。其中最重要的莫过于培养孩子的自主意识和独立意识。根据他的研究，对孩子的管束越多，孩子的成就感越弱；对孩子保护越多，孩子的依赖性越强，将来的竞争力也就越差。麦克利兰甚至断言，古代雅典之所以走向衰落，很可能是把孩子交给奴隶抚养造成的，因为奴隶有很强的依赖性而缺乏自主性。所以，按照麦克利兰的观点，国家的兴衰，取决于儿童时期的培养方式。

对于组织来说，成就需要强的员工越多，组织越容易走向成功。麦克利兰发现企业家显现出很高的成就需要和权力需要，而归属需要十分低。成就需要在小公司员工身上较为强烈，大公司总裁只有一般程度的成就需要。而公司要把高成就需要的人放在有困难的工作岗位上，工作的挑战性就会引起成功的动力，这种动力有激发出员工致力于成就的期望。反之，把高成就人放在例行的、没有挑战性的工作岗位上，就会使一些人的聪明才智被埋没，雄心壮志受压制。

四、三种内容型激励理论的综合比较

赫茨伯格的双因素激励理论同马斯洛的需要层次理论有相似之处。他提出的保健因素相当于马斯洛提出的生理需要、安全需要、感情需要等较低级的需要；激励因素则相当于受人尊敬的需要、自我实现的需要等较高级的需要。

我们首先把马斯洛的需求层次理论拿过来作为研究成就需要理论的前提条件，未被满足的需求才具有激励作用，而满足的需求则不具有激励作用。由此我们可知，作为成就需要理论，由于永远难以满足每个个体的主需求，所以就内容上来说是激励因素；而又由于次等的不重要的需求是易于满足的，所以就内容上来说是保健因素。

在这里，我们还应该增加两个运行方式上的标准，一是“平等”、二是“公正”。大家都在同一个水平线上，平等地享有、共同地面对，就是保健；而在实施过程中，按照贡献大小，结果有差别的、有优劣的、待遇不同的“公正”原则就是激励。比如对于纯粹为了利益而工作的员工，我们可将其酬金分为基本工资与奖励工资两部分，甚至大幅度地提高奖金比例；对于为成就需要而工作的员工，我们可将荣誉分等级，让贡献大的员工实至名归；对于主要钟情于亲情关系的员工，我们可采用以集体为单位的颁奖，通过加强他们共担责任、共同努力、共享成果的形式，来制造一种共同工作的和谐氛围。

成就需要理论与需要层次理论的关系：需要层次理论从低到高的顺序列出了 5 种需要，而成就需要理论不研究人的基本需要，直接从人的较高层次的需要开始研究；需要层次理论认为人的需要是天生就有的，而成就需要理论认为人的高层次的需要是可以通过教育和培训造就出来的；需要层次理论认为人的需要是按从低到高的顺序排列的，而成就需要理论认为人们的三种需要排列层次与其生存环境有关，因人而异。

第三节　过程型激励理论

前文中提到，过程型激励理论是研究从人的内心动机到采取行动的一个过程。这里我们依然延续前面的逻辑，介绍 3 位心理学家及他们提出的 3 个理论。

一、亚当斯的“公平理论”

（一）斯塔西·亚当斯（J. Stacy Adams）

斯塔西·亚当斯是美国管理心理学家、行为科学家，美国北卡罗来纳大学著名的行为学教授，他通过社会比较来探讨个人所做的贡献与所得奖酬之间的平衡关系，着重研究工资报酬分配的合理性、公正性及其对员工士气的影响。亚当斯是公平理论的创始人。

（二）公平理论的内容及内涵

1. 公平理论的内容

在中国，孔子曾说过：“丘也闻有国有家者，不患寡而患不均，不患贫而患不安。”孔子的这一理论与亚当斯的公平理论类似，虽然提出的年代及背景不一样，对象不一样，作用也不一样，但是它们有个共同的格调，就是“公平”。

亚当斯的公平理论认为：员工对从组织中获得的报酬的满意度会影响员工

的工作热情，而对报酬的满意度取决于两个方面，一方面是报酬的绝对数，即报酬的多少，当然数字越多，员工的满意度越高；另一方面是报酬的相对数，这个相对数是相对于员工的过去，或者相对于他人的收入，即比较得来的数字。因此，一个人不仅关心自己的绝对收入，还会关心自己的相对收入（见图 5-7）。

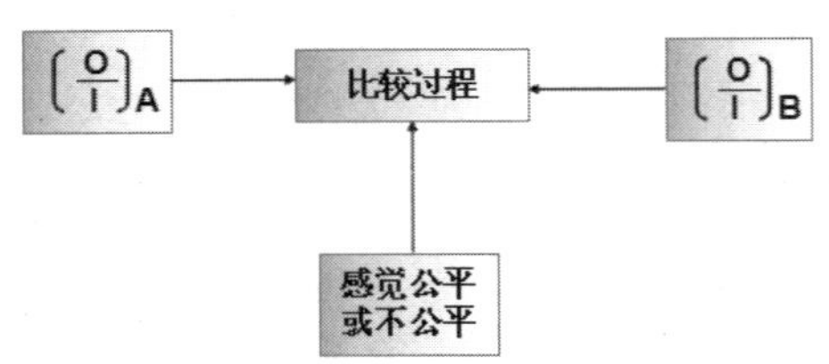

图 5-7 公平理论图

O：Outcome，泛指员工的所得，例如报酬，工资、奖金、提升、赏识等；

I ：Input，泛指员工的付出，例如投入的数量、质量、技术水平及努力程度等；

A：目前的自己；

B：他人或者过去的自己。

通过图 5-7 我们可以看出，公平理论强调的不是员工拿自己的所得绝对数与他人的所得绝对数去比较，而是将自己的所得与付出的比值与他人（或过去的自己）的所得与付出的比值进行比较，因此这比较的是相对数。如果比较的结果是相等，那么员工会产生公平感。

2. 公平理论的内涵

表 5-1 公平理论分析表

对不公平的反映		报酬不足的行为反应	报酬过度的行为反应
自我行为	实际表现	降低效率	工作更努力
	心理	提高报酬价值，改变参照对象	降低报酬价值，改变参照对象
外部行为实际表现		提出更多的要求，甚至离职	鼓励参照人争取更多的报酬

当人们发现自己的所得与付出比值小于他人（或者过去的自己）的所得与付出的比值时，从实际表现上，他们可能会减少自己的努力程度，降低工作效率；对领导提出更多的要求，增加收入，提高福利；要求领导降低参照对象的工资收入，或者增加他们的工作压力；如果这些条件得不到满足，甚至会离职。从内心来看，他们可能会自我安慰的提高报酬的价值，或者更换参照对象，以

便达到心理上的平衡。

当人们发现自己的所得与付出比值大于他人（或者过去的自己）的所得与付出的比值时，从实际表现上，他们可能要求减少自己的报酬（虽然这种情况很少）；自觉多做些工作，更努力更高标准要求自己；鼓励参照对象去争取更多的报酬。在心理上，他们会重新估计自己的技术和工作内容，认为这是他们该得的，也就是降低报酬的价值，或者更换参照对象，向待遇更高的人看齐。

需要注意的是，这里所说的付出与所得都是个人的主观感受。图 5-7 公式中的无论是自己的或他人的投入和所得都是个人感觉，人们往往不能够对参照对象的投入和产出情况有足够的了解，往往把自己的实际情况和他人的不完全信息进行比较，有“看人挑担轻松”的知觉心理。总是对自己的投入估计过高，对别人的投入估计过低。

这里所谓的公平，标准不一致，也就是说，不同的人对公平的理解是不同的，甚至对同种报酬的效用、同种投入价值的评价都有可能不同。例如有人认为一个团队得到一笔奖金的时候，按贡献大小比例去分配比较合理，而有些人认为大家是一个 team，每个人都有贡献，因此平均分配才是公平的。又如在贡献的理解方面会因人而异，有人认为高学历很重要，而有人认为丰富的经验更重要，这些都会使比较失去客观标准。

（三）公平理论的延展及应用

1. 公平理论的延展

公平理论指出，以下 4 种做法与报酬的不公平性有关。

①如果根据时间计酬，感到报酬过高的员工会比感到报酬公平的员工有更高的生产率。

②如果根据产量计酬，感到报酬过高的员工会比感到报酬公平的员工产量低，但质量高。

③如果根据时间计酬，感到报酬过低的员工的产量更低，质量也更差。

④如果根据产量计酬，感到报酬过低的员工会比感到报酬公平的员工产量高而质量低。

人们的公平感最终来自“认同感”。作为组织中的个人是否感到公平，最终取决于员工对自己在这个组织中所处的位置是否认同。关于什么叫“认同感”，厉以宁教授举了一个很好的例子：一个家庭有三个孩子，第一个孩子上学时家庭困难，家里只能供他读到中学毕业；到第二个孩子上学时家庭条件好些了，家里供他上大学；到第三个孩子时家庭富裕了，可以供他出国留学。三个孩子对这个家庭是认同的，他们会觉得家庭对自己是公平的，因为他们对家庭历史状况是了解的。同理，组织中的个人如果对组织有认同感，即便报酬低一点，投入多一点也就无所谓了，更不会产生不公平感。也就是说，本来不公平的现实，也因为这种认同使人们并没有感到不公平。相反，如果组织中的个人对组织不认同，那么无论报酬有多高，员工也会感到不公平。

其次，人们的公平感还取决于期望值。人们在加盟新组织或接受一项新任务（新工作）时，总有一定的预期，期望自己的投入能得到一定的产出。在以后影响人们公平感的也可能是这种期望值的大小，而不是通过对比得来的相对值。如果实际得到的报酬等于预期得到的报酬时，员工就感到公平；如果实际得到的报酬大于或小于预期得到的报酬时，员工就感到不公平。

2. 公平理论的应用

我们来看一个故事：邻居决定的幸福。

去年的这个时候，女友菲终于搬进了她梦寐以求的高尚生活区，人们出入皆有车。可是不久，菲又要搬出富人区。缘由是要想心情好，千万别和富人住在一起。菲本来觉得自己过得不错了，老公也事业有成，不曾想，搬到所谓富人区，良好的自我感觉没了，只剩下眼红别人的份。有一次，菲下狠心花了上万元买了套沙发，本想向女邻居炫耀一番，不料女邻居不为所动，邻居老公刚从国外回来，顺手给家里带了块地毯，价值 8000 美金。楼下那对夫妻结婚纪念日，男人送给老婆的礼物是一辆崭新的轿车。因此菲认为与富人住在一起，会引发失望情绪，而且会对邻居产生嫉妒心理，因不能“赶上邻居的生活水平”而产生不幸福感。我们的幸福感与我们邻居的富裕程度成反比，如果你被富有的邻居包围着，你就会感觉不幸福。

人一辈子琢磨的其实就是你身边的那几个人。也就是说，你幸不幸福，快不快乐，很大程度上是由他们决定的。这个故事虽然有些片面，但是可以说明一点，很多人内心的满足感源自比较，这种比较的心理状态很普遍。同样的道理，职工的社会比较或历史比较客观存在，并且这种比较往往是凭个人的主观感觉，高估自己的付出与努力，夸大自己的重要性，低估他人的付出与努力，轻视他人的重要性，轻视自己的所得与回报，高看别人的所得与回报。也就是说大部分人会觉得自己付出太多，回报太少，而别人都不如自己付出多，得到的却比自己多，从而产生不公平的心理现象。

作为管理者，我们要对员工做正确的引导，使员工形成正确的公平感。多看他人的长处，认识自己的短处，客观公正地选择比较基础，多在自己所在的地区、行业内比较，尽可能看到自己报酬的发展和提高，避免盲目攀比而造成不公平感。笔者自己总结了一些管理者可以采用的方式：

①回归现实，也就是说让员工客观正确地面对真实的情况。这就需要领导配备相应的设备实施，比如监控、360 度评分表、打卡设备等，尽量采用公正的手段，而非领导主观判断，以至于达到用事实说话的结果。

②营造公平的氛围，如正确引导职工言论，减少因不正常的舆论传播而产生的消极情绪；经常深入到群众中，了解职工工作和生活中的实际困难，及时帮助解决；关心照顾弱势群体，必要时可根据实际情况，秘密地单独发奖或给予补助等。为了避免职工产生不公平的感觉，企业往往采取各种手段，在企业中造成一种公平合理的气氛，使职工产生一种主观上的公平感。如有的企业采用保密工资的办法，使职工相互不了解彼此的收支比率，也不允许互相打听，以免职工互相比较而产生不公平感。

③制作一个公正的标准，对事不对人。领导行为是否公正将直接影响职工对比较对象的正确选择，如领导处事不公，职工必将选择领导倾向者作参照对象，以致增大比较结果的反差而产生不公平心理。因此，组织管理者要按标准做事，避免因情感因素导致管理行为不公正。在分配问题上，必须坚持“效率优先，兼顾公平”的原则，杜绝“大锅饭”现象，使组织运行机制充满活力。

最后我们要强调一点，管理者要注意，无论多么好的机制，多么客观的标准，仍然会有员工认为不公平，产生不满情绪，我们只能照顾到大多数员工的情绪和状态，不可能面面俱到让每个人都满意，因此也不要过于纠结于此，影响了公司其他重要事项的发展。

二、斯金纳的“强化理论”

（一）伯尔赫斯·弗雷德里克·斯金纳（Burrhus Frederic Skinner）

伯尔赫斯·弗雷德里克·斯金纳（1904—1990），美国心理学家，新行为主义学习理论的创始人，也是新行为主义的主要代表。1904 年 3 月 20 日出生于美国宾夕法尼亚州的一个小镇上，父亲是当地的律师，他从小就喜欢制作各种小物件，为日后的实验奠定了基础。成为心理学家后，他发明改造了许多动物实验装置。

斯金纳长期致力于研究鸽子和老鼠的操作性条件反射行为，引入了操作条件性刺激，他还将操作性条件反射理论应用于对人的研究。他认为，人是没有尊严和自由的，人做与不做某些行为，只取决于行为的后果，也就是人会根据奖惩来决定自己采取什么样的行为，和动物没什么两样。著有《沃尔登第二》（《Walden Two》，意译为《桃源二村》）、《超越自由与尊严》（《Beyond Freedom and Dignity》）、《言语行为》等。

（二）强化理论的内容及内涵

1. 强化理论的内容

强化，指通过某一事物增强某种行为的过程。强化理论认为，行为是结果的函数，人类（或动物）采取某些行为作用于环境，当行为结果受到奖励时，这种行为就会重复出现，当行为没有受到奖励或者受到了惩罚时，这种行为就会减弱或者消失。

按斯金纳的观点，只要控制行为的后果，我们就可以控制和预测人们的行为，那么对于管理者来说，可以通过有效地运用强化手段来激发员工的潜能并控制员工的行为。

强化可以分为以下四种类型。

（1）正强化（积极强化）

当员工的行为达到了领导要的理想状态，给予行为者奖励及肯定，致使他的行为重复出现并保持。例如企业对积极提出合理化建议的职工颁发奖金，对项目完成质量良好的团队给予奖励等。

（2）负强化（消极强化、规避）

领导者为了避免不合意的结果，而停止或者克服员工某种行为的情况。例如员工努力工作避免领导批评。这里要注意负强化是事件行为没有发生之前，提前的预警。

（3）惩罚

当员工的行为违背了组织的规则或者给组织造成严重的后果，对行为者给予威胁性措施，以减少或者杜绝这种行为再次出现。例如针对员工犯的严重错误采取的降职、罚款、开除等措施。

（4）自然消退（冷处理）

对于某种行为不予理睬，表示轻视或忽视的态度，以至于这种行为不再出现。例如，小孩子刚会说话时，学会了骂人，我们不能采用惩罚的手段，那是一种强化，会给小孩子产生深刻的印象，因此最好的方式是自然消退，冷处理。

这里要注意会区分正强化与自然消退、负强化与惩罚的关系。例如有种教育方式说，幼儿每次哭泣若都能引起母亲的注意，哭泣就会得到积极强化，也就是正强化，幼儿便会经常哭泣，这其实只是一种条件反射，而非智慧思考的结果；如果母亲对于孩子的哭泣没有积极的反映，无动于衷，久而久之，幼儿的哭泣就会自然消退。这便是正强化与自然消退之间的区别。

再如我们大家都听到过“杀鸡儆猴”这个词，这可不是传说，而是真实的。有个人养了一只小猴子，这只小猴子顽皮至极，有一次小猴子又开始淘气了，实在没有办法，这个人就带着它去了菜市场，看那里杀鸡的场景，小猴子当场吓得捂住眼睛，不停地尖叫，回家就把自己锁进了笼子里，再也不肯出来捣乱了。自此以后，每每猴子气人的时候，这个人都会嚷着带它去市场，它便乖乖地回笼子里。这里，鸡被杀了，是惩罚，猴子看杀鸡，是警告，是负强化。

2. 强化理论的内涵

这里我们先来介绍一种实验装置——斯金纳箱，如图 5-8 所示。其结构是在箱壁的一边有一个可供按压的杠杆（大多是一块金属板），在杠杆旁边有一个食槽紧靠着箱壁上的小孔，小孔外是食物释放器。小老鼠在箱内按一下杠杆，即有一粒食物从小孔口落入食槽内，小老鼠便可以吃到。实验过程是，一只小鼠在箱内，偶尔按压了杠杆，获得鼠粮。起初，小白鼠并没有意识到按压杠杆与鼠粮之间有什么因果联系，但经过若干次重复后，就形成了压杆取食的条件反射。

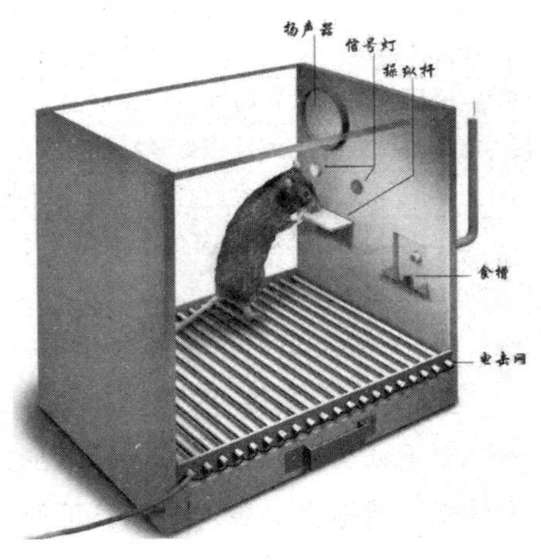

图 5-8 斯金纳箱

这里我们先用一个图，将强化频率分类展示一下，如图 5-9 所示。从强化程序来看，强化的频率主要有两种类型：连续强化和间断强化。连续强化是指每一次特定行为出现时，都给予强化。间断强化是指并不是对每一次特定行为之后都给予强化，但是为了保证起到激励的效果，行为能够重复，也会给予充分的强化。

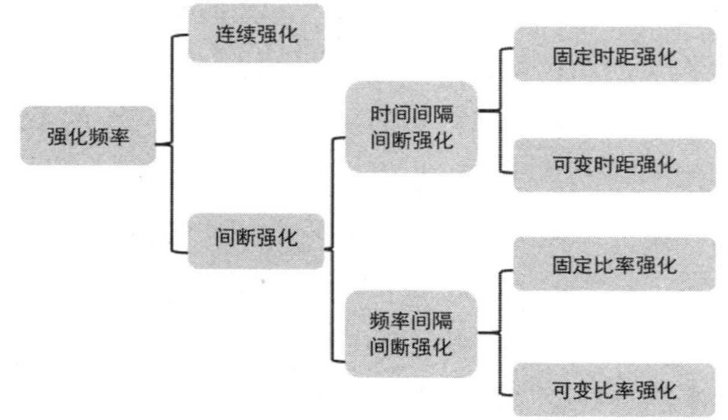

图 5-9 强化频率知识框架图

间断强化又可以分为时间间隔间断强化和频率间隔间断强化。时间间隔间断强化是指根据不同的时间间隔进行强化，可进一步分为固定时距强化和可变时距强化，这里固定时距强化是指每隔一定时间就施行强化，时间间隔越短，强化效率越好。可变时距强化与固定时距强化的区别是时间间隔是变化的。

频率间隔间断强化是指根据不同频率间隔进行强化。可再进一步分为固定比率强化和可变比率强化。固定比率强化是指在特定反应次数达到一定比率即给予一次强化。可变比率强化与前者区别是比率可变，比如购买折扣，买一本书打 9 折，买 10 本书打 8.5 折，买 100 本打 8 折。

表 5-2 强化频率知识归纳表

程序	报酬形式	绩效影响	行为影响
固定间隔	根据固定时间付酬，如月薪、年薪	导致平均绩效	行为迅速消退
固定比率	根据具体反应数量付酬，如计件工资	导致很高稳定绩效	行为中速消退
可变间隔	多种时间段后付酬，如不定期发奖金	导致中高稳定绩效	行为缓慢消退
可变比率	仅给某些反应付酬，如奖励时不严格依据销量	导致很高绩效	行为极慢消退

（三）强化理论的延展及应用

在组织中，奖惩措施应该如何实施，人们犯了错该不该处罚？人们做出了成绩要不要奖励？处罚该以什么形式给予，奖励该采用何种方式？管理者对此不重视，或知之甚少，不谙管理原则、不懂因果关系，容易给员工心理上造成负担，同时也对组织的日后发展产生不利影响。在实际应用中，关键在于如何使强化机制协调运转并产生整体效应，为此，应注意以下 5 个方面：

（1）以正强化方式为主。在企业中设置鼓舞人心的安全生产目标，是一种正强化方法，但要注意将企业的整体目标和员工个人目标、最终目标及阶段目标等相结合，并对在完成个人目标或阶段目标中作出明显绩效或贡献者，给予及时的物质和精神奖励（强化物），以求充分发挥强化作用。

（2）采用负强化（尤其是惩罚）手段要慎重。负强化应用得当会促进安全生产，应用不当则会带来一些消极影响，可能使人由于不愉快的感受而出现悲观、恐惧等心理反应，甚至发生对抗性消极行为。因此，在运用负强化时，应尊重事实，讲究方式方法，处罚依据准确公正，这样可尽量消除其副作用。将负强化与正强化结合应用一般能取得更好的效果。

（3）注意强化的时效性。采用强化的时间对于强化的效果有较大的影响。一般而论，强化应及时，及时强化可提高安全行为的强化反应程度，但须注意及时强化并不意味着随时都要进行强化。不定期的非预料的间断性强化，往往可取得更好的效果。例如，有的老师上课每次都点名，学生确实不敢逃课，出勤效果很好，但是次次都点名增加了老师的课堂工作量，降低了授课效率；而有的老师采用抽查的方式，可能这次点名了，下次点名不一定什么时候，也许下堂课仍然点名，也许好几次课以后再点，这次全班都点了一遍，也许下次只抽取其中一部分同学来点，总之让学生抓不住你的频率，他们只好乖乖地每堂课都来。这样，既保证了出勤，又增加了课堂效率。

（4）因人制宜，采用不同的强化方式。由于人的个性特征及其需要层次不尽相同，不同的强化机制和强化物所产生的效应会因人而异。因此，在运用强化手段时，应采用最有效的强化方式，并随着强化对象和环境的变化而作出相应调整。

（5）利用信息反馈增强强化的效果。信息反馈是强化人的行为的一种重要手段，尤其是在应用安全目标进行强化时，定期反馈可使职工了解自己参加安全生产活动的绩效及其结果，既可使职工得到鼓励，增强信心，又有利于及时发现问题，分析原因，修正行为。

三、费洛姆的“期望理论”

（一）艾瑞克·弗洛姆（Erich Fromm）

艾瑞克·弗洛姆（1900—1980），出生于德国法兰克福市一个犹太人家庭，是家中独子。1922 年获海德堡大学哲学博士学位，次年入慕尼黑大学研究精神分析，并在柏林精神分析学院接受训练。1929 年在法兰克福精神分析学院和法兰克福大学任教。1934 年移居美国。先后任教于哥伦比亚大学、耶鲁大学、密歇根州立大学。人本主义哲学家和精神分析心理学家。毕生致力于修改弗洛伊德的精神分析学说，以切合西方人在两次世界大战后的精神处境。被尊称为“精神分析社会学”的奠基人之一。

弗洛姆思想的特色是企图调和弗洛伊德的精神分析学跟马克思的人本主义学说，其思想可以说是新弗洛伊德主义与新马克思主义的交汇。弗洛姆十分重视人与社会的关系的研究，他承认人的生物性，但更强调人的社会性，认为人的本质是由文化的或社会的因素而不是生物的因素决定的。人在现代社会中普遍具有孤独感，这是人在社会中达到个性化的必然结果。

（二）期望理论的内容及内涵

1. 期望理论的内容

期望理论又称作“效价 - 手段 - 期望理论”，该理论的基本观点是，人们预期他们的行为能带给自己某种特定的结果，而这个结果对自己具有吸引力时，人们就会倾向于采取这种行为。该理论可以用公式表示为：

激发力量 = 期望值 × 效价

$M = E \times V$

M：激发的力量，指调动个人积极性的大小，激发人内部潜力的强度。

E：期望值，是根据个人凭经验判断实现目标的可能性大小。完全有把握实现目标，期望值为 1；如果根本没有丝毫把握，期望值为 0；因此，期望值一般在 0 ～ 1 之间波动。

V：效价，又称目标价值，是所能达到的目标对满足个人需要价值的主观评价。人们对目标价值主观评价是不同的，有可能是正数，也可能是零，甚至可能是负数。

这个理论的公式说明，人的积极性被调动的大小取决于期望值和效价。也就是说，一个人对目标的把握越大，估计达到目标的概率越高，激发起的动力越强烈，积极性也就越大。我们用公式的形式来表示一下期望值与效价对激发力量的影响情况：

① E（高）× V（高）= M（高）

②E（中）× V（中）＝M（中）

③E（低）× V（高）＝M（低）

④E（高）× V（低）＝M（低）

⑤E（低）× V（低）＝M（低）

从公式中，我们能看出来，无论期望值和效价中哪个低，最终得到的激发潜力都低，都无法激励员工在工作中表现出足够的积极性。

2. 期望理论的内涵

$M = E \times V = E \times \sum IV_r$

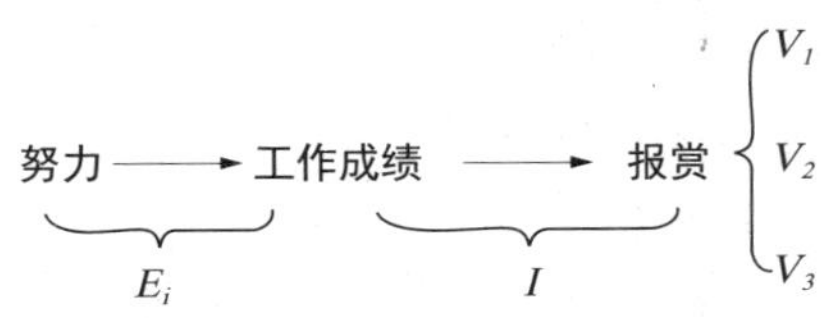

图 5-10 期望理论阶段图

在这个期望模式中有 4 个因素，需要兼顾几个方面的关系。

①努力与工作成绩的关系（E_i）。通过努力达到工作成绩，这是第一层期望。这两者的关系取决于个体对目标的期望值，目标是否适合个体，是主观判断，取决于个人的认识、态度、信仰等个性倾向，及个人的社会地位。

②工作成绩与奖励关系（I）。人们总是期望在达到预期成绩后，能够得到合理的奖励，如奖金、晋升、提级、表扬等。这是第二层次的期望。组织的目标，如果没有相应有效的物质和精神奖励来强化，时间一长，积极性就会消失。

③奖励和个人需要关系。奖励什么要适合各种人的不同需要，要考虑效价。要采取多种形式的奖励，满足各种需要，最大限度地挖掘人的潜力，最有效地提高工作效率。

④需要的满足与新的行为动力之间的关系。当一个人的需求得到满足之后，他会产生新的需要和追求新的期望目标。需要得到满足的心理会促使他产生新的行为动力，并对实现新的期望目标产生更高的热情。

期望理论是以 3 个因素反映需要与目标之间的关系的，要激励员工，就必须让员工明白：①工作能提供给他们真正需要的东西；②他们欲求的东西是和绩效联系在一起的；③只要努力工作就能提高他们的绩效。

（三）期望理论的延展及应用

弗洛姆的期望理论，对于有效地调动人的积极性，做好人的思想政治工作，具有一定的启发和借鉴意义。期望理论是在员工没有既定目标或者还没有实现目标时，研究目标的激励作用。因此，好的领导者，应该着重针对不同的员工选择不同的目标，使每个人的期望值达到最大，给予合理的报赏，将效价达到最大，以更好地调动员工的积极性。

这里我们就按上文中的期望理论三个阶段逐一进行分析。

（1）第一个阶段，期望值阶段，即员工通过努力取得工作成绩的过程。

这个阶段中，选择合适的目标是核心问题。组织的目标要与员工的需求相呼应，使员工在组织目标中，能看到自己的切身利益。同时所定的目标达到“蹦起来摘桃子”的状态是最好的，既不会太高，让员工无法实现，看不到希望，也不会太低，失去激励的意义。领导者要善于运用目标管理的方式。但是在设定目标的过程中，要通过提高员工的工作能力、个人素质及思想高度，来提高他们对自身的期望概率，以至于提高公司的整体目标，创造更大的企业价值。

这个阶段中的另一个问题是员工努力完成目标的过程，需要领导者给予一定的指导，与员工保持持续的沟通，掌握员工的情绪状态及项目的进展速度，帮助员工顺利地实现目标。

最后是绩效考核的设置。绩效考核指标设置要合理，公平公正，建立多样性指向的绩效考核指标体系，满足多样化需求，让员工百花齐放，各显神通。在绩效评估阶段，领导者应采用合理的评价方法与衡量技术，对员工的绩效准确评估。

（2）第二阶段，效价阶段，即绩效与报赏衔接的过程。

在这个阶段，领导者需要研究员工的需求，给予合适的报赏，实施个性化的绩效结果。在这里，报赏是一个桥梁，左边是绩效，右边是员工需求，领导应该提高对绩效与报酬关联性的认识，多样化地奖励。绩效与报酬的联系越紧密，拟实现的目标能够满足受激励者需要的程度相对越高，目标对受激励者的吸引力也就相对加大，激励的水平也就相对提高。

（3）第三阶段，报赏与满足员工需求的过程。

由于前面两个阶段，领导者已经关注到了员工的需求问题，因此在这里只要注意实施多元化奖惩形式，满足员工的需求即可。注重物质奖励与精神奖励相结合，内在报酬与外在报酬相结合，长期奖励与短期奖励相结合等。

研究激励过程中，一条途径是研究人们需要的缺乏，运用马斯洛的需要层次理论，找出人们所感觉到的某种缺乏的需要，并以满足这些需求为动力，来激励他们从事组织所要求的动机和行为；另一条途径是从个人追求目标的观点来研究个人对目标的期望，这就是期望理论。依照这一条途径，则所谓的激励，乃是推动个人向其期望目标前进的一种动力。期望理论侧重于“外在目标”，需要理论着眼于“内在缺乏”。本质上这两种途径是互相关联和一致的，都认为激励的过程是在于：实现外在目标的同时又满足内在需要。

不过，期望理论的核心是研究需要和目标之间规律的。期望理论认为，一个人最佳动机的条件是：他认为他的努力极可能导致很好的表现；很好的表现极可能导致一定的成果；这个成果对他有积极的吸引力。这就是说，一个人已受到心目中的期望激励。

可以推断出：这个人内心已经建立了有关现在的行为与将来的成绩和报偿之间的某种联系。因此，要获得所希望的行为，就必须在他表现出这种行为时，及时地给予肯定、奖励和表扬，使之再度出现。同样，想消除某一行为，就必须在表现出这种行为时给予负强化，如批评惩处。这和斯金纳的条件反射理论的研究成果有一定关系。

莫愁前路无知己，天下谁人不识君

有效沟通篇

第一节　沟通的概述

如果问大家一个问题，日常生活中所能见到的沟通都有什么形式？大多数人最先想到的答案一定是聊天。而在我们的生活中，沟通的形式是多种多样的，广泛地说，只要能够传递出信息的，都属于沟通。例如，人们的穿衣品位、颜色搭配可以告诉别人自己的审美；女士身上的香水味传递着不同的信息，有的代表尊重，有的代表诱惑，有的代表青春等；救援过程中的探照灯，通过闪亮次数及方式表达不同的含义；甚至我们坐公交车时，到站按铃都是一种沟通形式。

一、沟通的概念

简单地说，沟通就是信息的交流。组织中的沟通，是信息的发出者将信息通过载体编成一定的符号，传达给信息的接收者，并被信息接收者翻译出来的过程。

二、沟通的过程

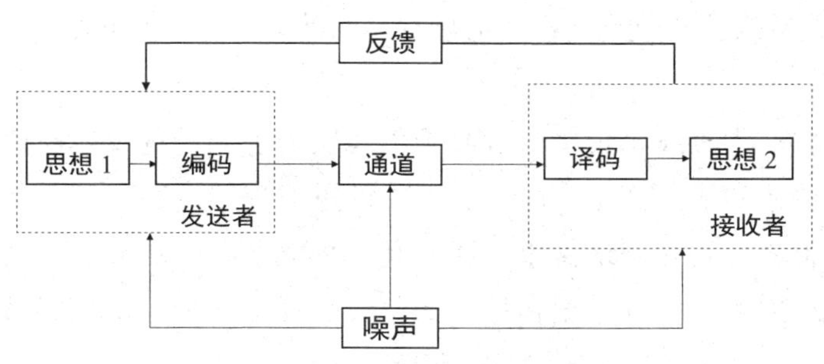

图 6-1 沟通过程图

从图 6-1 中，我们可以看到，沟通的过程由以下几个步骤。

1. 发送者

发送者又称信息源，就是信息的来源，通常发送者是信息的重要主体之一，需要明确自己要表达的内容。内容包括情感、事件、观点、意见等，这里可以是正规途径的沟通，例如开会发言表述公司经营状况；也可以是闲来无事的聊天，即非正式的沟通形式。

2. 编码

编码是发送者将要表达的内容编译成某种符号，如语言、文字、手势等，这是信息沟通的第一个重要环节。编码的质量直接影响沟通的效果，因此发送者要准确地选择编码符号，充分完整地表达出来。

3. 通道

通道又称为渠道或者手段，是信息发送者传递信息时选择的媒介物。例如口头交谈、书面文件、网络视频等。不同的沟通通道效果是不同的，不同的信息要选择适合的沟通渠道。例如批评的话当面说，直接说；安慰的话可以不必说出口，用拥抱的形式来表示等。

4. 接收者

接收者又称为信宿，是信息的归宿，是整个沟通过程中的另一个重要主体。由于绝大部分的沟通是双向的，因此在信息沟通的过程中，发送者与接收者会不断地循环，变换身份，无论哪一方都既是信息的接收者，也是信息的发送者。

5. 译码

接受者在接收到信息时，翻译成自己理解的内容，译码过程受到接收者主观判断的影响。这里对主观判断起影响因素的有学历、经历、价值观、情感、个性等，因此不同的人在接收到同样的信息时，翻译出来的内容可能会有所差异。

6. 反馈

反馈又可称为反应，指接收者给予信息发送者的一种反应，比如点头、目不转睛、听得入神等，都是在聊天交谈中的重要反应。在组织工作中，反馈通常指信息接收者是否正确地做事，或者是否采取了正确的行动。反馈是鼓励信息发送者继续沟通的一项重要指标，如果没有反馈或者反馈效果很差，发送者就要考虑信息的内容及传达形式是否正确。

7. 噪声

噪声是指在沟通过程中的妨碍因素，这个因素可能来自发送者、接收者，或传递信息的各个环节。例如网络视频会议时，网络信号差会影响会议的质量。又如，由于信息发送者说话时有方言，影响了信息接收者的理解。

三、沟通的种类

（一）按沟通的形式分为正式沟通和非正式沟通

1. 正式沟通

正式沟通是以正式组织系统为沟通渠道的信息沟通。正式沟通是组织内部信息传递的主要方式。优点是效果好、信息质量可靠、约束力强、沟通信息量大且具有权威性。

2. 非正式沟通

非正式沟通是以组织中非正式组织系统或个人渠道的信息沟通。优点是信息传递速度快，形式多样，但是信息内容容易失真。

（二）按沟通所使用的语言方式分为书面沟通和口头沟通

1. 口头沟通

口头语言沟通，这是人们最常用的沟通形式，优点在于可以使接收者和发送者拉近距离，面对面沟通会伴随着手势、形体、表情、语气和语调等的配合，效果更好。

2. 书面沟通

书面沟通是采用文字形式进行的沟通，如各种文件报告等。书面沟通的优点在于严肃、准确、有权威性，但是这种沟通形式应变性较差，更适合单向沟通。

（三）按发送者与接受者地位是否可以转换分为单向沟通和双向沟通

1. 单向沟通

单向沟通指的是信息发送者与接收者地位不可转变，即发送者一直在传输自己的看法，而接收者一直在被动地接受。这通常是在会议、讲堂等场合使用，优点是效率高，秩序性强，不足之处在于无法看出接收者的接受程度，不确定效果。

2. 双向沟通

双向沟通指的是信息发送者与接收者的角色一直在轮换，这是日常交流中最常见的形式。这种形式的沟通优点在于双方可及时表达自己的看法，能够充分交流，但是耗时较长，速度慢。

（四）按信息流动的方向可分为上行沟通、下行沟通和平行沟通

沟通的流动方向，大致分为三个方向，一个是向上，即下情上达。第二是向下，即上情下达。还有就是平行，即同级之间的沟通。

1. 上行沟通

要与上级保持正常频率的沟通，不能太频繁，也不能太疏远。长时间不跟上级请示，上级掌握不到你的信息，会担心你失控，恐怕会反过来主找你汇报。但是这种情况的汇报容易被领导找毛病，给你些教训。相反，你总去请示，领导觉得你不肯担责任，把责任交还给了他，那要你有何用呢？与上级沟通要注意一些细节：

①除非上级想听，否则你不要讲。

②向领导汇报的时候，是报告事实还是报告观点？报告事实，可能会让他越听越恼火；报告你的观点，他可能会觉得你自以为是。所以要站在领导角度去思考问题，人跟事，哪个比较重要，人比较重要就先讲人，事比较重要就先讲事。你要讲对方想听的东西。

③如果报告完了，领导有不同的意见怎么办？要做到合理地坚持，才会有信用。什么叫合理地坚持呢？首先你不要完全顺着上级的话，显示出你没有主见；也不要过分地坚持，刚愎自用。

2. 下行沟通

领导在跟下级沟通时要注意语言及内容的适度性，讲得太过粗糙，下面的人可能听不懂，不知道怎么做；讲得太细，他会觉得你不相信他的能力。上对下要多说小话，少说大话。小话就是亲切的话，温馨的话；大话就是打官腔。

会议是最大的成本浪费，所以领导要研究如何有效地开会。上对下要不动声色，通常越是职位高的越是没有什么表情，越是职位低的人，越会喜形于色。领导要广看言路，不表态，没有表情，这样才会有各式各样的意见表达出来。即使下属讲错了，领导也不要直接去纠正，领导越是轻描淡写，大家越紧张。领导的眼睛是来观察大家的，不是来表露信息的。领导的表情要和蔼，但是不要表露喜怒哀乐。

3. 平行沟通

平行沟通时要注意一些细节：①要彼此尊重，从我开始。我们很多人是比较怕吃亏的，一般都是你先对我好，我才对你好，有很强的本位主义。我们应该尽可能在自己的能力范围去帮助他人，要懂得分享。跟同事讲话，少讲“我”而是讲“我们”。②与同事沟通，要多站在对方的立场，不要只站在为自己好的立场。

第二节　沟通的技巧

一、沟通中存在的障碍

我们通过对沟通的环节逐一进行分析，找出沟通中的障碍。

（一）信息发送者的障碍

1. 主题不明

一种情况是发送者本身对此次沟通目的不明确，沟通内容复杂混乱，逻辑性差，表述不清，让接收者搞不清楚对方想要表达的意思，不但没有解决问题，很可能进一步加深了彼此的隔阂。

另一种情况是发送者对于某些信息理解不到位，传递了错误的信息，降低了工作效率。例如，由上级下达了一份红头文件，需要各部门配合将规则传递下去，但是部门领导在阅读红头文件时，没有吃透文件精神，错误地领悟要领，将自己的错误想法向下传达，使整个部门接收到的信息都是错误的，这样的结果不但浪费了人力、物力，还会使下属对领导的能力产生怀疑，对日后的工作造成不利影响。

2. 语义障碍

不同的人拥有不同的背景，受教育程度不同，存在地方差异等，因此在编码的过程中会产生一些障碍。例如，有些领导普通话说得不标准，在一次会议上表彰某些同志，他想说“××× 同志在这一次的紧急生产中，表现得非常优秀，是我组第一牛人”，结果他说成了“××× 童子在这一次的紧急僧惨宗，表现的灰藏优秀，系我组第一流人”。下面的员工听后强忍住笑容。不过时间久了，会增强彼此的理解，这样的障碍是可以消除的。

人们教育程度上的差异比较明显，对于一些事物的观点有天壤之别，在工作过程中，这一问题会不断地涌现出来。例如研究性人员在沟通过程中会提到很多专业术语、数学公式、各种符号，在专业人员之间这样传递信息速度快、效率高，大家一拍即合，而其他非专业人员可能不知所云。

经验开道的发送者往往不能实现融洽的沟通氛围，很多人都会把以往的经验、本身的想法和感觉作为沟通的开端，在沟通过程中又不断地坚持自己的立场。比如一些老者在与青年人沟通时，会一味地用过去的经验言传身教。这样的结果可能引起对方的反感，达不到沟通目的。

3. 形式障碍

发送者在传递信息时，选择了错误的形式或者渠道、表达形式不协调统一，让接收者无法正确理解。比如某员工工作失误了，你应该传递的信息是惋惜、同情，并给予指导，而不该是嘲笑、幸灾乐祸；如果你在跟对方传递信息的时候，嘴角露着笑意，会让人误以为你是在看他的笑话，说风凉话。

（二）传递过程中的障碍

1. 环境障碍

在传递信息过程中，需要稳定的媒介以保证沟通的顺利进行。由于现代化手段形式多样，有时需要平台的支持，例如微信、邮件需要网络的稳定，大教室授课需要话筒无噪音，电话沟通需要强劲的信号，不然会影响沟通效果。

另外，面对面沟通时，注意不要有外界因素干扰，防止突然被意外的事件打断。例如正在开会，却有人突然开门闯入；两个人正在商讨方案，有外人打岔需要签字；大家正在头脑风暴，突然有人手机响了，打断了所有人的思路等，这些也都是环境障碍。

2. 距离障碍

一种距离障碍指的是地域上的，如双方距离远，无法面对面沟通，只能在电话或者微信交流，有些事又不能三言两语说清楚，沟通不透彻。

另一种距离障碍指的是地位高低悬殊，如信息从组织最高层传递到组织最底层，恐怕要经过层层传递，如果是文件性质的，效果基本可以保障，如果是口头传递，那么到达最底层时，可能就会与原始的信息千差万别，这种层次障碍在非正式沟通时异常明显。因此为了防止信息走样，我们应该尽量减少信息传递的层次。低层对高层有敬畏，不敢实话实说也是距离障碍的一种表现。

3. 时间障碍

在沟通过程中，往往受到时间因素的影响。时间不够充分，会给沟通效果造成一定的时间压力。比如一名员工去找领导谈话，他本身有很多重要内容想深入沟通，但是无奈领导很忙，最多只能给他 5 分钟时间，这就等于提前设定了沟通时间，给了一个时间障碍，要求他务必长话短说，挑重要的事说，导致沟通无法深入。

（三）信息接收者的障碍

1. 过滤障碍

人们通常愿意接收自己想听的东西，而屏蔽掉不感兴趣的东西。例如在教授授课过程中，同样讲解一个知识点，不同的学生接收效果不同，有的学生喜欢这部分知识，便会清晰地记入脑海；而有的学生对此不感兴趣，课下完全对此没有印象。因此人们常说：“你听到的不是对方说的话，而是你想听的话。”

2. 心理障碍

很多情况下，信息接收者会根据自己对发送者的印象篡改语言的含义，老话说“说者无心，听着有意”，指的就是这个意思。如果接收者对发送者怀有敌意，二人常年不和，即便发送者说出的是肺腑之言，在接收者耳中听到的也是恶语。

另外，有些人对事物的看法会很极端，无法客观理性地与人沟通，希望通过表述与别人看法不一样来博得大家的关注；还有些人常常带有个人情绪与人沟通，从而会口不择言，破坏了氛围等。

3. 饱和障碍

所谓饱和障碍指的是发送者一下子传递了太多的信息，接收者大脑饱和，无法全部接收，不能迅速动脑思考并分析问题，因此这个障碍是需要双方注意的，发送者不要一下子将全部的信息抛出，根据接收者的情况传递适量的内容。而信息接收者也应尽量保持清晰的思路，提高沟通质量。

二、沟通技巧

（一）生活中的沟通技巧

卡耐基曾经说过，一个人的成功，约有 15% 取决于知识和技能，85% 取决于沟通——发表自己意见的能力和激发他人热忱的能力。在生活中善于沟通的人，本就是可爱的，得人拥护的。

那么，什么样的沟通方式，才能让人感觉舒服，并有助于成功呢？我们首先谈一下沟通技巧。

1. 学会表达不同看法

当你与对方思想不同时，不要急着用“不对”“错”“可是”打断对方，而是让其将自己的话语先表述完毕，并赞赏对方的直言，然后再表达自己的看法。

2. 学会拒绝

如果在沟通过程中，被人问到不想回答的问题或做你不愿意做的事情时，要学会拒绝，不能所有的问题都应承下来，可以微笑地保持沉默。

在许多社交场合，喝酒总是无法避免。如果不想喝，不要直接说："我不喝酒。"听起来很扫大家的兴。不如幽默地说："我比较擅长为大家倒酒。"

3. 学会送客

当经历了一场愉快的沟通以后，你觉得时间差不多了，可以收场了，但对方似乎还意犹未尽，完全没有要起身离开的意思，你可以说："今天真的很谢谢你的到来，我很开心。"你也可以不经意地看看自己的手表，让对方知道该走了。

4. 学会感谢

在人际交往中，免不了互助，仅仅在心里感谢是不够的，所以哪怕是一件微不足道的小事，也不要忘了说声"谢谢"。感谢必须使用亲切的字眼，应注意以下几个方面：真心诚意、郑重其事而不是随随便便地表示感谢；不要扭扭捏捏，而是大大方方、口齿清楚；感谢时眼睛应看着对方。

5. 学会介绍

介绍包括自我介绍和为别人互相介绍。自我介绍是陌生环境下的开场白，在自我介绍时，尽量用简短的话让对方瞬间记住自己。比如在一次见面会上，我在介绍自己时说："我的名字是李墨溪，墨水的墨，小溪的溪，我来自东北，所以我名字的意思是白山黑水中的黑水——墨水，呵呵。"大伙都笑了，接下来主持人搞了个活动，让大家对现场能记住名字的朋友说一句话，80% 的人都选择了我，说明他们记住了黑色的水。在自我介绍时，也可以适当地暴露自己，以自己为话题开始谈话，增加对方对你的信任。

在沟通里给别人互相介绍时，千万不要只介绍名字或工作就完了，应该尽可能多的介绍一些题外话，比如某人的兴趣、爱好，对方最突出的成绩等，为他们找到话题。

6. 学会闲聊

许多人对日常生活中的闲聊很不以为然，觉得是浪费时间，殊不知闲聊是最好的也是最常见的沟通形式，可以拉近彼此的距离。闲聊中可以融入很多的重要内容，永远不加入群体闲谈的人，给人以清高、不苟言笑的感觉，让人疏远。

闲聊是有技巧的，很多人在群体闲聊时，找不到说话的契合点，无法融入，显得很尴尬，此时学会旁听也能表现出一个很好的态度。在旁听时，保持适当的微笑，甚至欢笑，在气氛上融入群体，接下来便是找准说话的时机，见缝插针似的融合进去。心理学家詹姆士说过：“与人交谈时，若能做到思想放松、随随便便、没有顾虑、想到什么就说什么，那么谈话就能进行得相当热烈，气氛就会显得相当活跃。”所谓不善交谈的人，绝大多数是怕说错话，或者怕说得不好，在心里把一些话反复想很多遍，想找到最合适的辞藻去表达，结果当他在心里彩排合适后，恐怕已经错过了这个话题。因此，只要记住闲聊并不需要太多的才智，只要聊得愉快，不伤害别人就可以了。

7. 学会使用热情的语调

沟通过程中，80% 的听众对你的印象与你说什么无关，最重要的是要感同身受，态度积极，热情洋溢，让你的声音听起来振奋人心。你可以用热情洋溢的口气问一些平淡无奇的问题，让对方愿意聊下去，用你的语调感染对方。比如办公室里，来了两位新毕业的女大学生，小张和小李。小张性格内向，不善言辞，遇事常常保持安静，相反小李性格外向，见人总是甜甜地地笑，然后用亲切、甜美的声音与人聊天，大家对两人的第一印象完全不同，都更喜欢小李。日后的工作发展什么样子，目前尚不知晓，但是显而易见小李的第一步迈得比小张远。

8. 改掉不好的细节

细节决定成败，很多人不注重自己沟通过程中的细节，最终输掉了整个局势。首先改掉一无是处的口头禅，每个人说话都有习惯性的口头禅，但很容易让人产生反感。例如老师的口头禅：对不对啊？听懂了吗？你懂我的意思吗？这样的用语让人觉得轻视了别人。

其次，控制自己不自觉的小动作。有些人面对重要的谈话时，会异常紧张，可能会出现坐立不安，全身发抖，面部表情僵化，手不知道放在哪里好等现象，这些都会给你的沟通大打折扣，因此尽量保持淡定，保持微笑，自然处事。

9. 不要炫耀自己

人们通常的一个心理状态是希望自己比别人更优秀，而你总是在不停地炫耀自己，就让人很反感，对方就没有兴致与你再社交下去。反过来，你把自己的身段放低一些，顺着对方的话，会更加招人喜欢。

不要处处纠正别人的错误，一方面会让人很不舒服，另一方面也显得你在炫耀自己的本事。

10. 不要不懂装懂

刚接触时，在对方不了解你的时候，也许你不懂装懂的样子可以蒙混过关，当你们接触久了，对方会发现你实际的水平。

11. 掌握 1 秒钟原则

听完别人的谈话时，在回答之前，先停顿 1 秒钟，代表你刚刚在仔细聆听，若是随即回话，会让人感觉你好像早就等着随时打断对方。同时，也表现出你在认真思考，对其提出的问题很重视。

12. 表达时说感受而非评判

人们在沟通过程中，常常是讲自己想讲的，而不是讲别人想听的，或者将不满情绪表现在语言上，这样只会把氛围搞得越来越僵化。正确的做法是，当你觉得情绪受伤时，要控制自己，不要发泄情绪，发泄情绪属于暴力沟通。因而我们的沟通要先描述事实，然后说出自己的感受，接下来说愿景，也就是你期待什么结果，最后说出自己的要求。按这个逻辑来沟通，在氛围较紧张的情况下，也可以平和地解决问题。

人际沟通注重和每一个人进行良性的互动，既不能偏重某些人，使其他人受冷落，也不应该只顾自己，想说什么就说什么。否则你只是在发表意见，根本不是在进行沟通。善于沟通的人，必须随时顾及别人的感受，又能表达出自己的意见，形成良好的互动过程。

13. 注意共情的运用

共情，也称为神入、同理心，共情又译作同感、同理心、投情等，是由人本主义创始人罗杰斯提出的。剑桥英语词典对共情的定义是：能够想象自己置身于对方处境，并体会对方感受的能力。所以从定义上来看，共情至少涉及两个层面：一是分辨他人的情绪；二是感同身受的能力。

①分辨他人情绪。分辨他人情绪指的是觉察并且判别他人的喜怒哀乐，这看似不难，但却并不是每个人都具备的能力。共情是建立在对等的心态上，富人可以与穷人共情，男性可以与女性共情，成人可以与幼儿共情。

②进入他人的情境，感受他人情绪。在分辨他人情绪之外，共情者需要抛开自己的内部参考体系，进入另一个人的世界里，揣测对方的感受。要知道

“一千个人就有一千个哈姆雷特”，每个人都有自己独特的经历和评判。我们可以凭借自己的经验，努力去想象、猜测、理解他人的感受，但切记，无论我们多么努力地代入，无论双方的经历多么相似，我们都不是对方本人，猜测只能是猜测。一旦在代入中，轻易地将自己的观点、经历套用在他人身上，极有可能在不经意间，给对方造成不快，甚至伤害。

在沟通的过程中，适当的运用共情技巧，可以使沟通的效果事半功倍。

（二）组织中的沟通技巧

我们重点谈一谈领导者在与下属沟通的过程中，需要注意的相关事项：

1. 建立在双方平等的基础上

避免以“以上对下”的口吻沟通，这是一个非常细微，但是很多人却没有意识的言语方式，尤其领导成为“领导”以后，对于自己的身份地位很有自信，说话容易不顾轻重，带有命令式，从言语中能够显露出高高在上。但是作为领导要清楚，无论对方是什么职位，只有对方发自内心地认可你，认为你比他高时，他才会真心尊重你，并认可你的口吻。这里要注意的是对方认为你比他高，而不是你自以为比他高。

但反过来，如果你能在下属面前抛开自己的身份，以平等的方式跟对方沟通，以心换心、以诚相待，积极友善，语气上温和亲切，他不仅会觉得备受尊重，也会更愿意跟你沟通与配合。所以要避免用领导者的腔调说话，给员工带来压迫感。比如，如果领导者说：“我有十几年的经验，听我的就对了。”员工听后可能会偷偷白眼。如果领导说：“这方法我用过，而且很有效，你要不要试试看。”效果就会好很多。

2. 掌握员工沟通的动机

领导者在与员工的沟通过程中，要通过员工的眼神、表情、语言等表现出来的信息，去推断员工此次沟通的真正目的，不要用自己的“理所当然”去评断员工的行为，要适当地用一些引导性的问题去得出结论。例如一个员工犯了错误，领导应该先问清他的动机，比如：“当时是什么原因让你这么做的？”“你那么做的目的是什么？”等等。让对方觉得自己被理解，然后再去阐述相关问题，进行理性讨论。比起直接责怪要好得多。

3. 针对不同的员工，采取不同的说话方式

由于组织中员工的个体差异较大，性格、年龄、受教育程度、文化背景等

方面的不同，会引起他们对同一句话有不同的理解。因此，领导者要针对每位员工的特点，用不同的语言形式去表达自己的意思。例如，针对工厂中的基层员工，要言简意赅，通俗易懂。

4. 学会倾听

沟通不是一个人的演讲，是双向互动的，我们要牢记沟通的目的是信息的传递。这里的传递既包括领导者将任务下达给下属，又包括从下属那里掌握更多的信息。理想的人际关系是建立在相互交流思想的基础之上的。因此，在直抒胸臆之前，先听听对方怎么说是很重要的。领导者要善于倾听员工的心声，不能一味地发表自己的见解。一个人越是有水平，他在听别人讲话时就越是认真。另外，我们能听到的都是别人愿意告诉我们的事情，因此在倾听的过程中，还必须细心观察对方的行为举止，揣测他没有说出口的内心独白。

倾听时，要注意的一些细节：眼睛要注视对方的鼻尖或额头，不要一直盯住对方的眼睛，直盯着对方的眼睛会使人不舒服；从态度上显示出很感兴趣，身体前倾，不时地点头表示赞成；为了表示听得很认真，要时不时地发问，如“后来呢？”；不要随便改变对方的话题。

5. 适当地使用非语言艺术

这是沟通技巧中最实用的方式，不仅适用于领导与员工的沟通，也适用于正常交流。比如对于员工的意见很赞赏，领导者会示意性点头认同，用轻松的面部表情营造轻松的谈话氛围，积极的目光交流能够激励员工多多说出内心真实的想法等。下面用两则小故事来具体阐述。

赵子龙救回阿斗的时候，刘备抱过阿斗，丢到地上（刘备的手很长，看似是丢，实则是放），然后对着还听不懂话的阿斗说：“为了你这个小娃娃，害我差点损失一员大将！”赵子龙和在场的其他人的心都震撼了。如果刘备只是对着赵子龙说一些感谢的话，效果就会大打折扣。

诸葛亮气死周瑜以后，考虑要不要去吊丧，不去的话双方梁子会越结越深，去又怕对方难为自己，怎么办呢？诸葛亮就一路走一路哭过去，用自己的情绪影响对方，从心理上化解双方的隔阂。

所以说沟通有时不仅仅是语言的事情，还要善于使用非语言艺术，你要能够将心比心，要能够化解对方的心结，创造对自己有利的形势，然后进一步解决问题。

6. 传达命令的技巧

如何向下属传达命令呢？

第一，要确定命令的必要性和准确性。如果员工发觉自己执行的命令是不必要的，或者是错误的，便会对领导的能力产生怀疑，甚至出现抵抗、反感的情绪。

第二，要选择合适的对象。领导可以针对自己管辖范围的员工发号施令，但也要注意说话的语气，绝对不要对其他领导的下属下达命令。团队是一个大家庭，领导对别的部门的人指手画脚，有欠考虑。在给员工布置任务时，不要以命令的口吻，可以说“因为我很信任你，所以想找你商量……”让对方感到自己备受尊敬。

第三，要抓住重点。在下达命令的过程中，领导没有必要面面俱到，每个人的脑容量都是有限的，选重要的说，从职责的目的、途径、结果三个大方面去介绍。

7. 善于运用迂回沟通法

在沟通中，为了拉近领导者与下属的距离，可以先不要直接进入主题，而是先找一些对方感兴趣的话题，例如可以谈谈员工家乡的事情、母校的情况、孩子的教育等，舒缓一下员工紧张的情绪。

另外，在沟通过程中可能会出现一些焦灼点，一直讨论下去的话，容易闹出更大的问题，无法挽回，此时可以采用迂回沟通法，任务暂缓，待大家都平静了，再用委婉含蓄的方式继续讨论。

8. 表扬与批评的艺术

在批评下属时，要注意沟通方式，可以委婉地提出来，例如“关于你的……，我有些想法，或许你可以听听看”。提出批评之外，还应该提供正面的改进建议，这样才可以让批评更有说服力。和部属意见不同时，不要直接批评，而要说明不同点在哪。

领导在表扬别人或批评别人的时候，需要注意：不要当着其他人的面批评；在批评之前应说一些亲切和赞赏的话，然后再以“不过”等转折词引出批评的方面；批评对方的行为而不是对方的人格；用协商式的口吻而不是命令的语气；就事论事。老话说，背后不说人坏话，因此在批评下属的时候，领导应该直截了当地跟当事人谈，而不是背地里与他人谈，万一由第三人传到当事人耳朵里，不但达不到批评的效果，反而容易让人误会。他会以为你是故意让更多的人知道自己的错误。反过来，在表扬下属的时候，我们可以借助第三人之口表达赞美。从第三人口中听到领导对自己的赞美，更有说服力，更有惊喜。

批评要注意时机的把握，发现问题及时批评，不要等，不要拖，过了时机就起不到警醒的效果了。

不失时机地赞美对方。托尔斯泰说得好："就是在最好的、最友善的、最单纯的人际关系中，称赞和赞许也是必要的，正如油滑对轮子是必要的，可以使轮子转得快。"要想获得良好的人际关系，就要学会不失时机地赞美别人。当然，赞美必须发自内心。同时应注意赞美他的具体的行为和变化，而不要笼统地夸这个人好。

谈话时若能谈谈与对方相同的意见，对方自然会对你感兴趣，而且产生好感。谁都会把赞同自己意见的人看作是一个提高自身价值和增强自尊心的人，进而表示接纳和亲近。假如我们不同意某人的观点，也一定要找出某些可以赞同的部分，为继续对话创造条件。此外，还应该开动脑筋进行愉快的谈话。除非是知心朋友，否则不要谈论那些不愉快的伤心事。

最后，告诉大家一个沟通的小口诀：

批评的话，委婉地说；表扬的话，公开地说；命令的话，客气地说；
沟通的话，谦虚地说；感谢的话，真诚地说；激励的话，高调地说；
表态的话，谨慎地说；汇报的话，技巧地说；拒绝的话，婉转地说；
生气的话，平和地说；漂亮的话，低调地说；困难的话，含蓄地说；
警示的话，严肃地说；提醒的话，幽默地说。

第三节　符合中国文化的沟通技巧

一、中国的人文特点

（一）我们比较多疑

这里说的多疑是跟其他的国家或民族比较，绝大部分的国人不大会相信别人正面传递过来的信息，通常会根据自己的判断，多打听多问，绝大部分人都这么说了，才会相信。注意这里是自己的判断标准，不一定准确，但是只相信自己的判断。

（二）我们喜欢隐藏

在平时的闲聊中，很少有人一上来就说自己的事情，大家比较习惯说别人的事情，甚至一整顿饭都在围绕着有关另一个人的话题进行讨论，气氛融洽。从表面看起来，貌似大家都只关心别人的事，实则只是找一个一起闲聊的话题，而在这种闲聊的过程中是可以听出人们对事物的理解和评判的，这恰好是他的价值观和人生观。我们不喜欢把自己的一切直接暴露无遗，而是通过某些契合点慢慢让对方去感受。

（三）我们喜欢含糊

我们在与人交流的时候，不大喜欢把话说得很直白，尽管你会听到有人说：“来吧，今天就开诚布公地说道说道！”也很少会有人直抒己见，通常会隐晦地表达意见，也就是说我们更喜欢看似含含糊糊实则清清楚楚的表述。虽然是隐晦的表达，但是其他人仍然可以从语气、语调、表情中看懂发言人的意图。比如我们说：“您忙吗？我跟您说两句话。”其实是打算长谈，绝对不是两句话，可能会说几个小时。又如我们让别人帮忙盛饭时会说：“不要太多，一口就够。”其实这一口也得有半碗饭，可不是跟我们嘴大小的一样的口。

（四）我们善于表达不同

你常常会发现，在聊天过程中，总是有人喜欢跟人家说的相反，人家说东，他就说西，人家说不对，他就说对，人家说好，他就说不好，有些人就是喜欢用唱反调来体现自己的价值。只要是别人说的，无论对错，先是反对，再谈其他。

（五）我们会口是心非

大多数人以为女人是口是心非的动物，其实不然，男士们也是一样的。比如老公下班回家，你温柔的凑过去说：“老公，辛苦了！”他通常会说：“不辛苦不辛苦。”反过来，你要是不去表达这种问候，他恐怕就会说你不知道疼人，看不到他的辛苦！所以，有时你问对方：“什么事？”如果对方回答：“没什么事。”那通常他是有事找你。

（六）我们有强烈的自主性

我们是一个具有高度自主性的民族，喜欢相信自己的判断，而不是别人告诉我们该怎么做。所以我们决定做什么，就会做什么，而且无怨无悔，但是别人让我们做什么，即使按别人的要求采取了行动，但心里往往也是不服气的。

（七）我们是有弹性的民族

我们很多时候表达的话语中，不会有绝对的是或否，而是在是和否中间来回摆动，也不会一下子把话说死，会给自己留有余地。例如一个顾客看你的东西什么都好，他不会买你的货，真正要买货的人会挑三拣四，嫌货才是买货人。往往很好说话的人很难商量，往往很难说话的人很好商量。

（八）我们情绪化严重

中国人与外国人在情绪化方面有很大的区别，我们是“情性”，不是“感性”，西方人是“理性”。是情性的民族，在沟通过程中，情绪起伏的很高，很难冷静。我们心平气和的时候非常讲道理，但是一生气的时候就变得蛮不讲理。

现在很多人讲话就好像钉钉子一样，每句话都刺伤对方的心。看看我们身边，有多少人在遇到问题时，尤其是遇到困难时，仍然能够很好地控制自己的情绪，将思想表达清楚。我们绝大部分人平时都很好，但是一旦遇到愤怒的事情、悲伤的事情、激动的事情等种种情况时，就无法很好地控制自己的情绪，会说出一些极端的话，这些话并非都是本意，有些恐怕只是为了发泄情绪。

比如有些妻子明明希望丈夫下班后早些回家，但嘴上却说：“呦，知道回来了哈，你怎么没有死在外边？”这其实是反话，在表达她不满的情绪，并不是正常的沟通交流。但是这样的话，会使两个人的沟通陷入僵局，引起夫妻战争。如果此时旁人来劝她，让她不要说这么伤人的话，她往往会说：“是我的错吗？难道我想吗？都是他把我气的。他把我气成这个样子，还要让我讲理？”有人去劝解丈夫：“你不要总是惹你老婆生气嘛！”丈夫会回答：“我惹她生气？她不惹我就好了，我天天在外面辛苦，回家来还要看她的脸色！”我们大部分人生气时都认为是别人惹的，从不反省是不是自己的问题。

（九）两情不通

沟通是两方主体的事情，不是单方面事情。但我们在沟通中，常常希望不用把话说得太透彻，甚至希望一个眼神、一个表情，对方就知道我们想要什么。因此在沟通过程中，你单方面地讲道理，是没有效果的。

（十）迂回沟通

我们见面时大多不会直接说正事，都会东拉西扯一蕃后，再进入主题。比如，我们见面会问，你吃了吗？表面上是问吃了吗，其实是在试探对方现在心情怎么样，根据对方的回答来判断是否适合说重要的事情。这个问候如果直接改成：“怎么样，现在心情好吗？可以谈些正经事吗？”听起来是不是很好笑。对方会很警惕，觉得你有什么企图。

二、中国的沟通技巧

沟通即是说话，说话就一定要让对方听进去，不然一点用都没有。沟而不通，你讲他不听，他讲你恼火，最后没有好的效果；沟而能通，是我们要达到的最基本的结果；不沟而通，不用多讲就通了，这是沟通的最高境界。一言可以兴邦，一言可以丧邦。说出的话是要让对方心动，还是让对方厌恶，这就要看沟通技巧了，我们一定要学会根据我们的人文习惯去沟通。沟通应该慢慢提升到艺术的境界，才会给我们带来很多乐趣。

（一）明确沟通目的

我们沟通的目的通常包括：①说明事物，把一件事情说清楚；②表达情感，培养感情，关心对方，注意要动机很单纯的关心才是有用的；③建立关系，建立关系时不要去想得很仕途，只是单纯的关系就好；④进行目的，沟通的目的是得到某些结果，当气氛合适的时候，要提出你的沟通目的。

（二）由情入理

在沟通过程中，不要开门见山地讲道理，即使你说得很对，但是会让对方很反感，更何况我们每个人都是站在自己的立场讲着自己的道理。因此我们要由情入理，而不是直接讲道理。大家都有面子才叫圆满，我们要顾及对方的面子，在圆满当中分出是非。在表达过程中，以情为先，以理为主，由情入理。当一个人很有面子的时候，多半会很讲理，没有面子，就会恼羞成怒，蛮不讲理。礼让为先，给足了面子，大家才会和平解决问题。

（三）培养良好的沟通心态

在与人沟通时，我们大部分人会关注对方怎么说话，我们太过讲究说话的语气、态度、形式，反而忽视了说话的内容，这是我们的错误。如果你能做到不管他声音好不好听，语气怎么样，对你什么态度，你的重点只是去听对方的说话内容，就一定能有事半功倍的效果。

（四）注意情绪管理

我们要用情绪方法稳定对方，在沟通的过程中要注意几个原则。

首先，是绝对不可以欺骗，我们每撒一个谎，要用更多的谎言去圆，最终被揭穿时，丢掉了信用。但是也不要说太实在的话，容易伤害对方，所以要说妥当话。

其次，沟通要诚诚恳恳，把每一个人都当成很重要的人来看待。职位无论高低，都需要别人的尊重。

最后，沟通的情绪在于引导，情绪引导得好，大家才会越聊越开心，越聊越投机，越来越不计较，越来越好商量。这就是为什么客人来了，主人不急于谈事情，而是先倒茶、奉烟，待到大家坐下来，情绪培养好，再谈正事。会议上，领导要将员工的情绪控制在最好的高度，不要太高，也不要太低，事缓则圆，急事更要缓办。

（五）对的时间，对的人

我们沟通时，首先要把时机搞对。所谓时不对不说，时到一定要说。沟通一般不要采用开门见山的形式，会显得很鲁莽。比如我们给别人打电话时，你不确定对方什么状况，那边有多少人，对方情绪什么样，因此不要上来就单刀直入。沟通要找对方心情好的时候进行。话不投机时也不是沟通的时机。

有时候，我们该讲的话不一定要一下子全讲出来，要等到对方实在想听的时候才讲出来。有很多人就是太热心了，不管对方想不想听，不停地讲，讲到最后，适得其反。

交浅不言深，人不对不说，人对一定要说。

（六）话说三分，有言有默

朱自清曾经说过，沉默是一种处世哲学，用得好时，又是一种艺术。在企业沟通中，除非轮到你讲，否则你不要随便开口。该说话的时候一句不能少，不该说的时候一句也不要说，要拿捏好尺度。慢慢养成习惯，养成好的言默之道。我们有些人总是希望把话说清楚，其实是不对的，说话的原则应该是说好，而不是把话说得太清楚。话讲到差不多的时候，就不要再说了。

比如在西方，医生主张病人拥有知道自己身体状况的权利，但是在中国，医生一般会告诉病人回去好好修养，然后跟家属说详细病情。所以医生如果说："没什么大碍，回去想吃什么就吃些什么吧！"病人一般就知道，自己可能快不行了。

（七）透过表面看本质

大多数人说话时不会直接表露自己，会遮掩自己真实的想法。那么我们就需要透过表面的语句，探究对方实际的意思。比如妻子在购物时随口问丈夫：

“你看我穿这身衣服好看吗？”很多丈夫以为真的是在询问他们的意见，就会发表自己真实的想法。当太太依然会我行我素时，先生们就很奇怪，不听我的为什么要问我？其实妻子早已心里有数，只是让丈夫能参与进来，并且夸奖自己美丽而已。所以聪明的丈夫一般不考虑太太的问题，只要表达出无论妻子穿什么都好看的意思就可以了。

又如，当老板打电话给员工问：“你现在忙吗？”你不要直接回答忙还是不忙，因为无论你怎么回答都会很惨。很多员工看到老板的电话，再忙也不敢说忙，赶紧说：“不忙不忙。”老板听后很不高兴，什么时候问他都说不忙，看来是任务给得太少，工作太闲了。如果员工说很忙，老板又会不高兴，觉得这个员工在变相跟自己诉苦，不给自己面子。其实我们可以考虑一下，老板这个时候打电话是真的在询问你忙不忙吗？他恐怕是有事情要找你，所以你大可不必纠结忙与不忙的问题，你只要问领导是不是有事情，是否需要自己现在就过去。如果领导觉得需要你过来，他便会让你过去；如果他觉得没有必要就会说：“不用，电话里讲两句就好了。”因此，你要清楚领导问话背后的意思，不一定要直接去回答他的问题。

（八）知己知彼，察言观色

在沟通的时候，要讲情面，要给对方面子。我们应该注意三个原则：第一，不要自以为是。有的人总觉得自己很老到，自己很强，觉得自己不会看错，这种态度会让让对方很反感。你最好多听听人家的想法，你才知道对方懂多少。在沟通过程中，善于倾听的人其实收获最大。第二，不强词夺理。我们经常强词夺理，虽然知道自己错了，但是既不愿意认输又不肯认错。当你发现自己不对时，就不要再多说了。第三，不要打断对方的话。别人的话还没有说完，你却一直打断，会把他的整个思路打乱，最后对方没有表述清楚，心里也不痛快，你们的沟通不但没有取得好的效果，彼此间也会产生芥蒂。

每个人说话的背后都有他的用意，你要把那个潜藏的用意找出来，而不是只听表面的话。对方不方便说的时候，他会暗示，比如用眼睛暗示你，你要去体会，即所谓的察言观色。当你发现对方不想再与你交谈下去的时候，就马上找个机会起身告辞。

（九）学会谦让，让对方作决定

我们会发现，在中国有个不成文的规定，“先说先死”。尤其在会议上，当领导抛出一个问题让大家畅所欲言时，现场会有一段时间很安静，大家都不肯轻易发表意见。因此，谦让是一个好习惯，让他人先发表观点，一方面为自己的发言创造了充分思考的时间，另一方面也可以听听别人的观点。

很多人喜欢替别人作决定，尤其是领导，喜欢直接对员工发号施令。前面我们分析过，我们是一个高度自主性的民族，大部分人是喜欢自己作决定的，因此要让对方自己作决定才能够得到最愉快的结果。

（十）重视过程，注意互动

沟通的过程比结果重要，结果不是我们所能控制的，但是我们可以控制好沟通过程，也就是说，你控制好整个过程，结果多半会是好的。

有的人在说话的过程中喜欢一直表达自己的看法，不给别人留有空间，这不是沟通，这个叫独白，一定是你来我往才叫沟通。我们应该自己讲几句，然后给对方机会，让对方表达自己的看法。你不说话，别人才有机会说话，你话太多，别人就无话可说，谁都不愿意接受疲劳轰炸。所以说话一定要抓要点，否则听的人会不耐烦，浪费时间。我们说了重点，别人听进去了会追问，一问就证明他感兴趣，问什么就答什么，这样便形成了良好的沟通过程。

离娄之明，公输子之巧，

不以规矩，不能成方圆

有效控制篇 ▷

第一节 控制系统

一、控制的含义

（一）控制的内涵

控制就是控制者对控制对象施加某种影响，以保证控制对象按照既定的目标、计划和标准推进。

我们可以从以下几个方面来理解控制：

（1）控制具有一定的目的性，确保某些目标顺利实施。

（2）控制是一个动态的过程，贯穿于整个管理活动的始末。在组织目标的实施中，不断将实际业绩与最初制定的标准比较，发现两者之间的差距，有偏差时进行纠正的过程，是使组织依循既定目标前进的过程。

（3）组织中的每一个员工既是控制的主体，又是控制的客体，既对其所负责的作业实施控制，又受到他人的控制和监督。

（二）控制职能

控制职能就是为了保证计划目标的实现，按照计划规定的标准，检测计划完成的情况，发现差距，分析原因，采取措施纠正计划执行的偏差。

正式的目标设定、监控、评估和反馈系统给管理者提供信息，评价战略和结构的运行是否有效果和效率。控制职能的3个基本假设：①要有界线清晰一致的标准，根据这种标准对实施情况进行准确度量；②能够找到某种度量单位以便实际测量所达成的结果；③当标准同实际实施情况比较时，任何差异都能够被用来作为更正活动的根据。

有效的控制系统拥有的特性：

（1）准确性：信息准确、数据准确。

（2）及时性：及时发现问题的隐患，及时获取信息。

（3）经济性：注意控制的成本，用能产生期望结果的最少量控制。

（4）动态性：随时间、条件、环境的变化调整控制的方式。

（5）通俗性：尽量运用简单的控制手段，控制系统过于复杂或者不易理解可能会导致不必要的错误。

（6）标准合理性：控制的标准必须是合理的且能达到的。

（7）战略高度：重点对那些关键性的、对组织行为有战略性影响的活动进行控制。

（8）强调例外：对例外的情况，控制系统应有所准备，以免出现偏差时管理层不知所措。

（9）多重标准：不要只采用单一标准，采取多重标准可以防止做表面文章。

（10）目的性：有效的控制系统不仅可以发现偏差，而且可以给出建议以纠正偏差，提高计划的完成质量。

（三）控制职能的重要性

（1）在执行组织计划中的保障作用。在管理活动中所制订的计划是针对未来的，由于各方面原因，制订计划时不可能完全准确、全面，计划在执行中也会出现变化。因此，为了实现目标，实行控制是非常必要的。

（2）在管理职能中的关键作用。有效的管理有4个职能，它们构成一个相对封闭的循环。控制工作是管理职能循环中最后的一环，它与计划、组织、领导工作紧密结合在一起，使组织的整个管理过程有效运转、循环往复。

二、控制的类型

（一）按控制时点及位置分类

1. 事前控制

事前控制，又称事先控制，是组织在一项活动正式开始之前实施的控制。事前控制主要防止组织所使用的资源在质量上产生偏差。

2. 事中控制

事中控制，在某项活动过程中进行现场控制。管理者在现场对正在进行的活动始终给予指导和监督，以保证活动按规定的政策、程序和方法进行。事中控制是为了及时发现并纠正工作中出现的偏差。

3. 事后控制

事后控制，是在行为或工作结束后进行控制，这是历史最悠久的控制类型，传统的控制方法几乎都属于此类。事后控制对成果进行测量比较和分析，采取措施，进而纠正以后的工作行为。

（二）按控制信息的性质分类

1. 反馈控制

反馈控制，又称平衡偏差控制，指对于过去的情况、已经出现的问题认真分析，通过信息反馈发现偏差，找出差异产生的原因，采取切实有效的措施来指导现在和将来的工作，调整行为活动，使差异得以消除或避免今后出现类似差异的一种控制方法。

2. 前馈控制

前馈控制，通常又称补偿干扰控制，即通过对情况的观察、规律的掌握、信息的分析、趋势的预测，运用科学的方法预测未来可能出现的偏差，在其未发生前即采取措施加以防止。前馈控制需要及时、准确的信息和对未来的合理估计。

（三）按控制力量的来源分类

1. 正式组织控制

正式组织控制是由组织中管理人员通过规章制度对下属进行控制。组织可以通过规划指导组织成员的活动，通过预算来控制消费，通过审计来检查各部门或各成员是否按照规定进行活动，并提出更正措施。在多数组织中，普遍实行的正式组织控制的内容有：

（1）实施标准化，即制定统一的规章、制度，制定出标准的工作程序以及生产作业计划等。

（2）保护组织的财产不受侵犯，如防止偷盗、浪费等，这包括设备使用的记录、审计作业程序以及责任的分派等。

（3）质量标准化，包括产品的质量及服务的质量。主要采取的措施有对职工培训、工作检查、质量控制以及激励政策。

（4）防止滥用权利，这可以通过制定明确的权责制度、工作说明、指导性政策、规划以及严格的财务制度来完成。

（5）对员工的工作进行指导和考核，这可通过评价系统、产品报告、直接观察和指导等方式来完成。

2. 非正式组织控制

非正式组织控制又称非制度化控制，是指以风俗、习惯的形式控制社会成员的控制类型，虽然“什么可为”“什么不可为”并无明文规定，但社会成员经过社会化过程后对此都已了然于胸，并且会遵循这些规则，以便得到团队成员的认可。

企业通过实施非正式控制制度来促进员工朝着企业既定目标努力的过程，即为非正式控制，包括文化控制、信任控制、团队控制等。非正式管理控制系统往往是伴随着正式管理控制系统而出现的，是对正式管理控制系统的补充。

非正式控制的实施可以促使正式控制更加深入人心，员工也能更好地理解、贯彻企业的正式控制制度。当正式控制本身的缺陷导致风险存在的时候，需要依靠非正式制度才能使员工按照企业的宗旨、目标做事。非正式系统中组织成员的行为不是靠制度和程序决定的，而是由人与人之间的关系决定的。通过非正式的接触来建立团队合作的愿景，增强企业完成目标的自觉性。

非正式组织控制包括群体控制和自我控制。自我控制指个人的自律，个体有意识地按某些规范活动自主调节行为，并使其与个人价值和社会期望相匹配的能力。它可以引发或制止特定的行为，自我控制能力取决于个人本身的素质。如抑制冲动行为、抵制诱惑、延迟满足、制订和完成行为计划、采取适应社会情境的行为方式。

（四）按控制工作专业分类

1. 库存控制

传统的狭义观点认为，库存控制主要是针对仓库的物料进行盘点、数据处理、保管、发放等，通过执行防腐、温度、湿度控制等手段，达到使保管的实物库存保持最佳状态的目的。这只是库存控制的一种表现形式，或者可以定义为实物库存控制。那么，如何从广义的角度去理解库存控制呢？

库存控制应该是为了达到公司的财务运营目标，特别是现金流运作，通过优化整个需求与供应链管理流程，合理设置 ERP 控制策略，并辅之以相应的信息处理手段、工具，从而实现在保证及时交货的前提下，尽可能降低库存水平，减少库存积压与报废、贬值的风险。从这个意义上讲，实物库存控制仅仅是实现公司财务目标的一种手段，或者仅仅是整个库存控制的一个必要的环节；从组织功能的角度讲，实物库存控制主要是仓储管理部门的责任，而广义的库存控制应该是整个需求与供应链管理部门，乃至整个公司的责任。

2. 进度控制

项目计划从付诸实施开始，便一直处于动态的变化调整之中，会遇到各种意外情况，使项目不能按照计划轨道进行而出现偏差。进度控制是监视和测量项目实际进展，若发现实施过程偏离了计划，就要找出原因并采取行动，使项目回到计划的轨道上来。

进度控制包括相互影响的三个环节。

第一，进度计划是进度控制的基础：计划指出了项目组织未来努力的方向和奋斗目标，是经过仔细分析后综合形成的对未来的构思，又是当前行动的准则。一个完善的计划可以使失败的概率降至最低，以最大限度地保证在预期的期限内取得预期的效果。

第二，进度控制通过项目的动态监控实现：进度控制随着项目的进行而不断进行，是一个动态过程，也是一个循环进行的过程。从项目开始，实际进度就进入了运行的轨迹，也就是计划进入了执行的轨迹。

第三，对比分析并采取必要的措施是进度控制的关键：当实际进度与计划进度不一致时，应分析偏差的原因，采取措施并调整计划。从而使实际与计划在新的起点上重合，并尽量使项目按调整后的计划继续进行。

进度控制的基本原则如下：

①动态控制原则。

进度按计划进行时，实际符合计划，计划的实现就有保证，否则产生偏差。此时应采取措施，尽量使项目按调整后的计划继续进行。但在新的因素干扰下，又有可能产生新的偏差，需继续控制。进度控制就是采用这种动态循环的控制方法。

②系统原则。

为实现项目的进度控制，首先应编制项目的各种计划，包括进度和资源计划等。计划的对象由大到小，计划的内容从粗到细，形成了项目的计划系统。项目涉及各个相关主体、各类不同人员，需要建立组织体系，形成一个完整的项目实施组织系统。为了保证项目进度，自上而下都应设有专门的职能部门或人员负责项目的检查、统计、分析及调整等工作。当然，不同的人员负有不同的进度控制责任，大家分工协作，形成一个纵横相连的项目进度控制系统。所以无论是控制对象，还是控制主体，无论是进度计划，还是控制活动，都是一个完整的系统。进度控制实际上就是用系统的理论和方法解决系统问题。

③封闭循环原则。

项目进度控制的全过程是一种循环性的例行活动，其中包括编制计划、实施计划、检查、比较与分析、确定调整措施和修改计划，从而形成了一个封闭的循环系统。进度控制过程就是在这种封闭循环中不断运行的过程。

④信息原则。

信息是项目进度控制的依据，项目的进度计划信息从上到下传递到项目实施相关人员，以使计划得以贯彻落实；项目的实际进度信息则自下而上反馈到各有关部门和人员，以供分析并作出决策和调整，以使进度计划能符合预定工期目标。为此需要建立信息系统，以便不断地传递和反馈信息，所以项目进度控制的过程也是一个信息传递和反馈的过程。

⑤弹性原则。

项目一般工期长且影响因素多，这就要求计划编制人员能根据统计经验估计各种因素的影响程度和出现的可能性，并在确定进度目标时分析目标的风险，从而使进度计划留有余地。在控制项目进度时，可以利用这些弹性缩短工作的持续时间，或改变工作之间的搭接关系，以使项目最终能实现工期目标。

⑥网络计划技术原则。

网络计划技术不仅可以用于编制进度计划，而且可以用于计划的优化、管理和控制。网络计划技术是一种科学且有效的进度管理方法，是项目进度控制，特别是复杂项目进度控制的完整计划管理和分析计算的理论基础。

3. 财务控制

财务控制对于经济活动至关重要，是企业控制的核心问题，财务控制的目的：一是防止错误地分配资源；二是及时提供经济信息反馈以便更正错误的行为。

财务控制制度即遵循财务战略、财务政策与基本财务目标，通过有效的制度形式强化对企业的财务活动的监测、督导与控制。

财务控制主要内容包括：资金收支计划；收入控制；支出控制等。财务控制的措施包括：建立控制机制；明确责任分工；建立稽核制度；业务处理程序制度化。财务控制是内部控制的一个重要组成部分，是内部控制的核心，是内部控制在资金和价值方面的体现。

财务控制包括财务审计工作，即以检查并核实账目、会计凭证、债权债务关系以及结算关系等为手段，判断组织的财务状况以及是否符合法律政策要求。这里分为内部审计和外部审计，内部审计指组织内管理层对公司内部财务人员的财务活动进行控制，保证财务工作的准确性。外部审计指的是由组织之外的其他部门对本组织的财务工作进行的监督检查。

4. 质量控制

ISO9000 族标准中对质量的定义是：一组固有特性满足要求的程度。对于这个概念我们可以有以下的理解。

我们这里说的质量不仅是指产品质量、服务质量，也包括某项活动过程的工作质量，还包括质量管理体系运行的质量。顾客和其他相关方对产品、服务、过程或体系的质量要求是动态的、发展的和相对的。

质量是由一组固有特性组成，这些固有特性是指满足顾客和其他相关方的要求的特性。特性可以是固有的或赋予的，可以是定性的或定量的。质量特性是固有的特性，是通过产品、过程或体系设计和开发及其后之实现过程形成的属性。

满足要求就是满足明示的（如合同、规范、标准、技术、文件、图纸中的明确规定）、隐含的（如组织的惯例、一般习惯）或必须履行的（如法律、法规、行业规则）需要和期望。

质量控制是质量管理的一部分，致力于满足质量要求。质量控制的目标就是确保产品的质量能满足顾客、其他相关方所提出的质量要求，如适用性、可靠性、安全性。质量控制的范围涉及产品质量形成全过程的各个环节，从设计过程、采购过程、生产过程到安装过程及销售过程等，对影响工作质量的人、设备、物料、方法、环境 5 大因素进行控制，既包括作业技术，也包括管理技术。

5. 预算控制

预算就是用货币计量的方式，将决策目标中涉及的经济资源进行配置，以计划的形式具体地、系统地反映出来。

预算控制是管理层根据预算规定的收入与支出标准，监督和控制各个部门的绩效结果的过程。其作用是保证组织在既定成本的情况下，利润最大，或者在既定利润的情况下，成本最小。

预算不能过于粗糙，过于粗糙的预算相当于没有预算，起不到约束作用，令组织部门不知道如何正确地实施计划，也容易滋生奢侈浪费的作风。预算也不能过于细致，过于细致的预算捆绑住了员工的手脚，使授权名存实亡。那么，到底预算该做到什么程度呢？我认为要根据组织目前的经济状况、目标情况以及员工的作风情况来制定。另外，要注意工作中存在的使预算控制失效的危险倾向，即让预算目标取代了企业目标，也就是说，发生了目标的置换。在这种情况下，主管人员只是热衷于使自己部门的费用尽量不超过预算的规定，但却忘记了自己的首要职责是千方百计地实现企业的目标。

（五）按控制手段分类

1. 间接控制

间接控制是指根据工作的实际结果，参考计划和标准，找出偏差并分析其原因，追究责任人责任的一种控制方法。当然追究责任不是目的，改进未来工作，避免再次出现问题才是目的。间接控制多见于上级管理者对下级人员工作过程的控制。

间接控制实施的前提条件有以下几条：

①工作结果是可以计量、可以相互比较的，否则我们无法将结果与标准客观比对。但事实上，有很多工作是无法用数字计量的，只能定性衡量，但是定性很难有精确的标准，更无法比较。

②责任界限清晰，追责时可以直接找到当事人。但要注意，在实际工作中，很多活动是以小组为单位完成的，甚至几个部门合作完成的，其中任何一环出了问题，都会影响整个后果，因此很难找到具体责任人，如果全体受罚又会影响表现良好的员工的积极性。

③出现偏差后，有充足的时间和资金去找到原因并及时纠正。但事实上，很多问题出现得很棘手，且有一定的关联性，需要深入分析，组织没有更多的时间去寻找根本原因，管理层通常是解决眼前问题，治标不治本。当然，管理层也不愿意浪费过多的费用去分析引起偏差的事实真相。

④出现的偏差可以预料并及时发现，组织可以及时纠正。但事实上，很多偏差无法预料，甚至也不会很及时就发现，在纠正偏差时也同样需要时间和经费。

从上述的分析我们能看出，间接控制的前提条件很难得到满足，这也是其局限性。

间接控制的优点在于它是根据实践过程中发生的种种问题掌握的经验，有一定的准确性及经验性，可以对未来的项目执行具有指导作用，同时使管理人员吸取经验教训，增强了他们的判断能力，提高管理水平。

2. 直接控制

直接控制又称为预防性控制，是相对于间接控制而言的。它着眼于培养更好的主管人员，增强他们的素质，熟练地运用管理的概念、技术和原理，系统改善他们的管理工作，从而防止出现因管理不善而造成的不良后果。

直接控制的优点：①增强管理人员的积极性，自控力；②促使管理人员主动地采取纠正措施并使其更加有效；③直接控制管理的重要环节，增加了效率；④提高管理人员的素质、业务能力，预防了偏差的发生，减少了试错的过程，节省成本。

直接控制的局限是在实际经济管理活动中，直接控制的办法往往不能使整个系统的效果最优。这是由于几个方面原因：①许多信息都是在偏差中取得的，因此有一定的滞后性；②受现有科学技术的限制，无法全面处理；③直接控制的核心重点是抓管理层，忽视了下级人员，抑制了下级人员的积极性和创造性。

表 7-1 控制类型表

依据	类型	举例
控制时点 控制位置	事前控制	原材料的验收入库是为了保证后期生产所需材料质量合格
	事中控制	生产过程中，班组长对现场的监督和指导，进度控制
	事后控制	对产成品进行质量检测、售后服务
控制信息 的性质	反馈控制	亡羊补牢
	前馈控制	其他地区有疫情，马上对本地区进行封闭隔离，防患于未然
控制力量 的来源	正式组织控制	实施标准化生产、质量监管
	群体控制	大家都不会特别显示自己的能力，随大溜
	自我控制	不贪占他人财物，不挪用公款
控制专业	库存控制	经济订货批量、订货间隔期、订购点、库存维持费用
	进度控制	建筑楼房，到 2021 年 4 月完成工程的 50%，到 2021 年 12 月完成工程进度的 65%
	财务控制	投资控制、财务业绩控制、资产收益率
	质量控制	PDCA 循环、全面质量管理
	预算控制	成本预算、销售预算、现金预算
控制手段分类	间接控制	发生问题后而实施的管控
	直接控制	没出问题前，预防问题的发生而实施的管控

第二节　控制的过程

一、限定范围

在进行控制的时候，首先要明确控制对象。控制的对象可以是人，包括个人、单位或组织，也可以是项目任务，例如各项目活动的进程、产品质量、销售数量等。

具体工作是：首先识别所要控制对象的特性；接下来是获得与所期望的目标相关的每个特性信息的成本如何；最后判定是否每个特性都影响子系统达成目标。

二、建立标准

所谓标准就是控制依据的尺度或衡量单位，是控制的基础。为了便于控制，标准最好用定量的形式，控制标准的有效制定是控制职能能否有效实施的关键，关系到整个控制工作的效率。

科学的标准应该符合以下要求：全面性、制衡性、可行性、稳定性。

一般控制职能中所用的标准主要有以下几种。

（1）时间标准（如完工时间进度、交货期等），主要是规范工作时间进度的指标。

（2）数量标准（如产品数量、废品数量），主要是从量的方面规定工作应达到的水平。

（3）质量标准（如产品等级、合格率），可以从定性与定量两个角度去约束工作的范围、水平及质量的要求。

（4）成本标准（如单位产品可变成本），主要是反应各种工作与活动所支出的费用的标准。

（5）行为标准，规范职工的行为准则。

三、衡量绩效

这实际上是控制过程的信息收集阶段，对于衡量绩效和成果而言，主要问题是如何及时收集适用和可靠的信息，并将其直接传递到项目负责人手中，使其掌握项目进展情况，及时发现问题、纠正偏差、解决问题。衡量工作成效的信息质量要求准确、及时、可靠、适用。

衡量绩效通常通过评估、考核、检查等活动发现计划、方案与实际情况之间的偏差，同时认真地分析和研究造成偏差的原因。

控制的目的不是为了消除偏差，而是预防偏差的出现，以实现预定的目标。

四、诊断更正

诊断更正是控制的最后一个过程，也是最关键的一步。

首先，分析偏差产生的主要原因，是执行任务时出现的问题还是制订计划时不够成熟。例如在执行任务过程中出现的人为失误、设备故障、空气、水分、温度等外界环境问题，或者计划制订时预算不准确，考虑不周到等。

接下来是选择适当的纠偏措施，如果是计划制订时出现的问题，负责人可以采用重新制订计划或修改目标的方法；如果是执行过程中出现的问题，可以进一步明确职责、补充授权，或是对组织机构进行调整，甚至调换项目负责人或增配人员，调整人力、设备，加强教育、管理，明确职权分工，此外还可以采取增加物质鼓励等办法。

最后注意保持方案的双重优化，注意消除疑惑。

第三节　现代控制理论

一、控制与其他职能的关系

现代管理理念的职能包括计划、组织、领导和控制，4 个职能之间是有内在逻辑关系的，在实际中不可能完全分割开来，而是相互融合在一起的。控制工作中的纠偏措施可能涉及管理的各个方面，要把那些不符合要求的管理活动引回到正常的轨道上来。

计划是管理的起点，组织和领导是管理的基础，控制是管理的中心。计划、组织和领导最终都反映在控制上，计划是控制的目标，组织是执行控制的保障，领导是控制要素。管理的 4 项职能，最终都集中到控制职能上。

（一）控制与计划的关系

计划和控制是一个问题的两个方面，控制职能与计划职能紧密相关，就像孪生兄弟，计划是基础，是控制的根据，用来评定行动及其效果是否符合需要的标准，计划越明确、全面和完整，控制的效果也就越好。控制是计划实现的手段，按计划标准来衡量所取得的成果并纠正所发生的偏差，以保证计划目标的实现。如果说计划工作是谋求一致、完整而又彼此衔接的计划方案，那么，控制工作则是使一切管理活动都能按计划进行。控制职能使管理工作成为一个闭路系统。在多数情况下，控制工作既是一个管理过程的终结，又是一个新的管理过程的开始，它使计划的执行结果与预定的计划相符合，并为计划提供信息。

计划与控制周而复始地默契配合，能使组织不断地追求并实现更高的业绩。没有计划，控制就没有标准；没有控制，计划就没有保证。控制比计划更重要，控制是管理的内涵，计划是管理的外延。

（二）控制与组织的关系

组织职能是通过建立一种组织结构框架，为组织成员提供一种适合的、默契配合的工作环境。因此，组织职能的发挥不但为组织计划的贯彻执行提供了结构框架，同时为控制职能的发挥提供了部门机构和人员配备，规定了组织中信息联系的渠道，为组织的控制提供了信息系统。如果目标的偏差产生于组织上的问题，则控制的措施就要涉及组织结构的调整、组织中的权责关系和工作关系的重新确定等方面。

管理者在设计组织结构时面临的首要问题是建立职能结构，以使组织成员最有效地运作资源。但仅仅依靠组织结构并不能激励员工们按实现组织目标的方式行事。控制的目的是给管理者提供一个能够激励下属向着实现组织目标方向努力的手段，并给管理者提供有关组织及其成员如何适当完成任务的具体反馈。组织结构提供组织骨骼，组织控制和组织文化提供管理者用来控制和管理组织行为的肌肉、肌腱、神经和知觉。

控制是管理者监督和规范组织及成员各项活动以保证按计划进行，将组织保证在正常的运行轨道，并预测可能发生的事情的过程。管理的控制职能是对组织的计划、组织、领导等管理活动及其效果进行衡量和校正，以确保组织的目标计划得以实现。

（三）控制与领导的关系

领导职能是通过领导者的影响力来引导组织成员为实现组织的目标而作出积极努力。这意味着领导职能的发挥影响组织控制系统的建立和控制工作的质量，反过来，控制职能的发挥又有利于改进领导者的领导工作，提高领导者的工作效率。

二、有效的控制

（一）适时控制

及时纠偏，要求管理人员及时掌握反映偏差产生以及其严重程度的信息。最理想的方法是在偏差未产生之前，就注意到偏差产生的可能性，从而预先采取必要的防范措施，防止偏差的产生。

预测偏差的发生，在理论上是可行的，可以通过建立企业经营状况的预警系统来实现。质量控制图可以被认为是一个简单的预警系统。

（二）适度控制

（1）防止控制过多或控制不足。判断控制程度或频度是否适当的标准，通常要随活动性质、管理层次以及下属受培训程度等因素而变化。

（2）处理好全面控制与重点控制的关系。

（3）使花费一定费用的控制得到足够的控制收益。控制费用基本上随着控制程度的提高而增加，控制收益的变化则比较复杂。

（三）客观控制

控制工作应根据企业的实际状况，采取必要的措施，或促进企业活动沿着原先的轨道继续前进。因此有效的控制必须是客观的，符合实际的。

（1）控制过程中采用的检查、测量的技术手段必须能正确地反映企业经营在时空上的变化程度与分布状况，准确地判断和评价企业各部门。

（2）企业还必须定期地检查过去规定的标准和计量规范，使之符合现时的要求。

（四）弹性控制

弹性控制一般与控制的标准有关。一般说弹性控制要求企业有弹性的计划和弹性的衡量标准。当外部环境发生巨大的变化或内部因素有重大变革时，单一标准的企业恐怕无法适应，尤其对于突发事件，无所适从。如果企业给定一个弹性标准或者复合标准，有助于企业更有效地适应实际情况。因此当今有许多企业在设定标准时，给了一个幅度范围，例如某企业今年的成本预算额度是5000万～8000万元，或者成本预算额度为5000万元，但是会有备用金3000万元，这就是弹性标准。

参 考 文 献

[1] 哈罗德·孔茨，海因茨·韦里克. 管理学 [M]. 张晓君，等译 . 北京：经济科学出版社，1998.
[2] 路宏达. 管理学基础 [M]. 北京：高等教育出版社，2000.
[3] 弗雷德里克·泰勒. 科学管理原理 [M]. 马风才，译 . 北京：机械工业出版社，2007.
[4] 吉姆·柯林斯，杰里·波勒斯. 基业长青 [M]. 真如，译 . 北京：中信出版集团，2019.
[5] 周三多，陈传明，鲁明泓. 管理学原理与方法 [M]. 上海：复旦大学出版社，2014.
[6] 彼得·德鲁克. 管理的实践 [M]. 齐若兰，译 . 北京：机械工业出版社，2006.
[7] 彼得·圣洁. 第五项修炼 [M]. 张成林，译 . 北京：中信出版集团，2009.
[8] 沃伦·本尼斯. 领导者：成功谋略 [M]. 姜文波，译 . 北京：中国人民大学出版社，2008.
[9] 焦叔斌，杨文士. 管理学 [M]. 北京：中国人民大学出版社，2011.
[10] 戴维·莫尔登. 内在领导力 [M]. 赵剑冰，王双红，黄鹏，译 . 北京：北京大学出版社，2014.
[11] 姜文波，刘丽君，康至军. 无边界组织 [M]. 北京：机械工业出版社，2017.
[12] 车文博. 西方心理学史 [M]. 杭州：浙江教育出版社，1998.
[13] 曾国安，胡晶晶. 国民收入分配中的公平与效率 [M]. 北京：人民出版社，2010.
[14] 罗兰·米勒. 亲密关系 [M]. 王伟平，译 . 北京：人民邮电出版社，2015.